2020 区块链漫游指南

冒志鸿 陈俊 等著

人民邮电出版社

北京

图书在版编目（CIP）数据

2020区块链漫游指南 / 冒志鸿等著. -- 北京：人民邮电出版社，2020.10
ISBN 978-7-115-54261-8

Ⅰ. ①2… Ⅱ. ①冒… Ⅲ. ①电子商务－支付方式－指南 Ⅳ. ①F713.361.3-62

中国版本图书馆CIP数据核字(2020)第102092号

内 容 提 要

本书是一本区块链技术的学习指南。本书各章命名为"星系"，共分为6个星系，围绕区块链概念及其技术、去中心化身份、去中心化应用、区块链开发实战等方面由宏观到微观、从非技术到技术层层推进，介绍了区块链的理念和知识，努力为读者勾勒区块链认知全景图。

本书的"星系①"介绍区块链的起源和趋势，建议读者从这部分开始看起。对区块链技术行业发展趋势有了整体把握之后，可以根据自己的兴趣，选取后面几章的主题和内容重点阅读。"星系②"和"星系③"解释区块链和数据/数据库的关系，以及比特币数据、以太坊虚拟机的基础知识；"星系④"介绍由区块链支持的去中心化身份；"星系⑤"和"星系⑥"全面阐述去中心化应用的定义内涵、制胜关键，介绍去中心化应用的开发实战框架以及入门使用方法。

本书适合对区块链有浓厚兴趣的非技术读者和开发人员阅读。

◆ 著　　冒志鸿　陈　俊　等
　　责任编辑　陈聪聪
　　责任印制　王　郁　焦志炜

◆ 人民邮电出版社出版发行　北京市丰台区成寿寺路11号
　　邮编　100164　电子邮件　315@ptpress.com.cn
　　网址　https://www.ptpress.com.cn
　　三河市君旺印务有限公司印刷

◆ 开本：800×1000　1/16
　　印张：13.25
　　字数：260千字　　　　　　　2020年10月第1版
　　印数：1－2 000册　　　　　　2020年10月河北第1次印刷

定价：49.00元

读者服务热线：(010)81055410　印装质量热线：(010)81055316
反盗版热线：(010)81055315
广告经营许可证：京东市监广登字 20170147 号

序

  2017年10月30日，在南京百家湖边的一家酒店里"闭关"几天后，我给准备了近一年的区块链项目起了一个听起来不那么过于技术化的名字：ArcBlock（区块基石）。

  遵循互联网精益创业的命名原则，新名字都必须能注册到域名才行，因此我在第一时间注册了相关的.com域名。同时，我发现一位乌克兰设计师有一套图标和ArcBlock这个名字的理念相符，于是果断买下来作为ArcBlock最初的标识。当时，我并没有注意到这样一个时间点：中本聪正是在2008年11月1日发布了 Bitcoin: A Peer-to-Peer Electronic Cash System（《比特币：一种点对点的电子现金系统》）。

  2009年1月3日，中本聪"挖出"比特币创世区块（Genesis Block），并获得首批50个比特币"挖矿"奖励。我在2009年7月第一次听说比特币，出于对新技术一贯的好奇心，我下载了相关代码进行尝试。当时，我的办公室里闲置了一台拥有八核处理器的服务器，很快就轻松地挖出了几个区块。在我进行了尝试之后，除了觉得有些"酷"，发现其设计也很"大胆"。当时，我并没有完全理解这加密的代码和"货币"有什么关系，也没发现实际应用场景，于是很快将它抛之脑后。2009年年底，我从Microsoft欧洲所在的爱尔兰都柏林来到Microsoft美国西雅图总部，我格式化了所有"没有价值"的计算机硬盘，包括那台拿来实验比特币的计算机。

  作为一名自认为还算合格的"极客"，从20世纪末开始，我几乎从未错过互联网一波又一波的技术创新浪潮。但是在10年前成为最早的比特币"矿工"时，我只是触碰到了比特币以及隐藏在它背后的区块链技术的"未来"，并没有与中本聪一起进入这个"已经到来的未来"之中——至少在认知上。

  10多年后的今天，尽管能为大众直接使用的区块链技术应用还很少，但区块链已成为大众密切关注、热烈谈论的话题。什么是区块链？以下是美国商务部国家标准技术研究院（National Institute of Standards and Technology，NIST）在2018年1月发布的 *Blockchain*

Technology Overview（《区块链技术概述》）里给出的定义。

"区块链是以无中心节点的分布式方式实现的、防篡改的数字化账本，并且通常无须如银行、企业等权威机构提供担保。基本来说，区块链使用户能够在自己社区内的共享账本中记录交易，一般在正常的区块链网络下操作，交易一旦发布就不得更改。2008 年，区块链理念与其他几种技术和计算机概念相结合，创造了现代加密'货币'：通过加密机制而不是受中心节点或权威机构保护的电子现金。比特币是第一个基于区块链技术的加密'货币'。"

然而，在 10 多年前比特币诞生之际，"区块链"这一名词尚未产生。2013 年，我离开 Microsoft，重新踏上技术创业征程。在硅谷参加各种区块链主题的研讨会时，我第一次听说了区块链，这才知道区块链得名于比特币代码里的一种数据结构。随着了解的深入，我慢慢发现区块链作为一种更底层的网络协议，其承载的不仅是以比特币为代表的加密"货币"，而且可能是更多的应用。在相关的研讨会上，大家探讨了许多关于区块链的想法，当时这些想法非常令人激动，但会后我常常想：我能够立刻跳进区块链领域进行创业吗？当时我认为区块链这一技术还遥不可及，自己可能什么也做不了。

真正触动我的是我在 Microsoft 欧洲工作时的同事弗拉维安·查隆（Flavien Charlon）。他是一名天才程序员，在加入 Microsoft 之前，就已经在 Microsoft 举办的黑客马拉松上获得了一次冠军和一次季军。2014 年，我听说他也离开了 Microsoft，于是立刻与他取得了联系。弗拉维安告诉我他决定投身区块链领域创业，项目是染色币（Colored Coin）。

2013 年，比特币价格大跌，整个市场陷入悲观迷茫之中，但技术极客却开始探索除加密"货币"以外，这种技术还有没有其他方面的应用，于是染色币等项目应运而生。染色币是把比特币这样的加密"货币"切分成很多很细的部分，然后在此之上加载一些结构化的数据信息，就像有人会在一张钞票上写下一段爱的誓言，这段文字就拥有难以复制的特性，而这张钞票就有了"新用途"。

弗拉维安的区块链创业想法第一次真正触动了我，并让我开始反省：为什么很多比我聪明能干的人投身到区块链领域？难道他们没我聪明，掌握的信息没我全面？如果像弗拉维安这样的专家也加入这一行列，那么说明他们看到了我没有看到的未来。如果我想和他们一起进入这个"已经到来的未来"，就需要冲破自己思维的禁锢，摒弃自满的心态，诚实地面对还不太懂的新技术或新事物。即使一时不理解也不要紧，可以在进入新世界、拥抱未来、着手去做的过程中学习和理解。

与人工智能的直观和易理解不同，区块链抽象且不容易理解，后者融合了计算机科学、密码学、经济学等多种学科的相关知识和技术，产生的是一种从未出现过的、全新的技术和理念。从诞生之日起，区块链就在不断挑战和改变人类固有的思维和习惯，但同时也面临着极大的质疑和挑战。即使人们接受并认可区块链的理念和价值，但区块链蕴含的技术和知识也并非一般人容易理解和掌握的。想要真正理解区块链，就需要足够的时间和勇气去学习，甚至可能需要颠覆以往的认知。

在此，我想要与大家分享如何运用"第一性原理"和"类比"相结合的方法来观察并思考区块链这一新生事物。

"第一性原理"源自古希腊哲学家亚里士多德。他说："在每个系统探索中存在第一性原理。第一性原理是基本的命题和假设，不能被省略和删除，也不能被违反。"在现代，第一性原理就是数学公理、物理学定律，可推导出万物运行规律。埃隆·马斯克（Elon Musk）就是一位充分应用第一性原理的创业者，他先后创办或接手 SpaceX、SolarCity、Tesla 等企业，对航天、新能源和汽车行业进行了颠覆性创新。他曾说："我们运用第一性原理，而不是比较思维去思考问题是非常重要的。第一性原理的思想方式是从物理学的角度看待世界，也就是一层层拨开事物表象，看到里面的本质，再从本质一层层往上走。"

利用第一性原理观察区块链，可以发现它巧妙利用计算机代码、加密算法和亚当·斯密（Adam Smith）的经济学激励机制打造了一台信任和协作的计算机，运用基于机器算法形成的信任替代人类社会千百年来用习俗、道德、法律等昂贵的制度成本建构的中心化信用担保机构，大大降低了信任的成本（Trustless，直译为"无须信任"，意为不需要人类社会机构打造的信任机制），提高了协作的效率和质量，又避免了中心化机构的垄断和"单点故障"。

因此，我认为区块链创造了以下三大核心价值。

- 能够大大降低验证成本，从而创造信任。
- 能够大大降低网络效应（Network Effect）形成的成本，从而在信任的基础上充分发挥群众的力量。
- 其去中心化的信任机制将去除现在广泛存在的中间人，颠覆现有的中间人商业模式。

因此区块链的应用非常广泛，不仅限于货币、金融领域。由于这三大核心价值，作为未来发展趋势，区块链创造的价值将非常大，甚至可能影响并改变人和人、人和计算机、计算机和计算机的协作关系。而人类之所以能发展到今天，靠的不是身强体壮，而是社会协作。

不过，凡事都用第一性原理思考会失于抽象，结合人们熟悉的类比，则能把区块链的价值和机会看得更为具体真切。从互联网时代创业一路走来的我，感觉今天区块链技术的发展状况与 1993 年前后的互联网极其相像。

1993 年是互联网发展史上一个非常重要的分水岭。在此之前，虽然 TCP/IP 协议簇经历了很多次迭代方趋于成熟，但互联网始终局限在少数技术人员手中，大多数用户不了解如何访问互联网。虽然有新闻组（Newsgroup）、文件传输协议（File Transfer Protocol，FTP）、Gopher、电子邮件（Email）等极客应用，但内容仍然较少。

但就在 1993 年，网景（Netscape）公司成立，推出了基于超文本传输协议（HyperText Transfer Protocol，HTTP）的浏览器，让普通用户不需要高深的技术和互联网知识，只要使用浏览器，就可以通过网络获取想要的信息，如同过去翻阅杂志图书。这一创举意义重大，铺平了普通用户和互联网之间的道路。

更重要的是，在那一年，美国在线（AOL）推出电话拨号接入互联网，直接把互联网大门的钥匙递到了普通用户的手中。因为在此之前，想要访问互联网需要有专线，而普通家庭无法拥有这个专线。至此，互联网迅速普及，走入普罗大众的日常生活，改变了人们的生活形态和习惯。

今天的区块链跟 1993 年的互联网有着异曲同工的发展路线：与当年的互联网技术一样，区块链技术已经发展了很长一段时间，并且区块链协议趋于成熟，也已经有了诸如比特币、莱特币、以太坊、Steemit 等极客应用。

那么，为何在比特币诞生 10 多年之后的今天，区块链还不能走入普通人的生活呢？和 1993 年的互联网一样，大多数用户并不知道如何使用区块链，甚至对其概念也不甚理解。区块链要被大众接受，还需要各种应用业务能够接入和使用区块链，让普通用户能够在现有设备上使用区块链服务。这正是如今区块链技术最缺乏的部分。底层的缺失，使大众哪怕了解它的好处，也不得不望而却步，将其束之高阁。

当我受弗拉维安启发，以"空杯"心态认真考察区块链时，发现区块链是可以与 20 世纪 90 年代互联网商业化媲美、推动互联网由信息互联网向价值互联网跃迁质变的机会。正是区块链处于目前这样一个混沌初开的时代，才有可能是最好的时代。因为这意味着所有的个人、新创小企业和行业巨头都站在同一条起跑线上，意味着也许你就可以改变这个世界。图 1 所示为区块链技术演进的 3 个阶段。

图 1

正是抱持这一全新的认知，我毅然投身区块链领域创业。一开始，我们想先做区块链应用，从示范性的落地应用做起。真正开始开发的时候，我们的团队才发现区块链的理想虽然如此美好，但现实却很"骨感"——开发一个区块链的应用，要面对的底层架构、基础设施还相当不完善，各种各样的概念技术、工具语言让人眼花缭乱、无所适从。既然基础匮乏，那么为何不先做底层开发平台，以便服务于更多的应用，推动区块链技术落地普及。在 2017 年，我们先做了一个基础框架，这个底层部分也就是 ArcBlock 今天的雏形。

从最早参与比特币又"不幸"全部将其丢弃，到如今投身区块链领域创业、创建 ArcBlock 这一专注于区块链应用开发部署的云计算平台，正是我不断颠覆更新对区块链的认知后做出的一系列选择。图 2 所示为 Gartner 技术成熟度曲线（The Hype Cycle）揭示了每一波技术浪潮都是从萌芽到泡沫，再到泡沫崩溃，然后从低谷慢慢地起来，最后再成长。

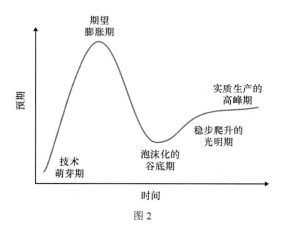

图 2

近年来，有大量的报道和文章鼓吹区块链技术的"神奇"，正如科幻作家亚瑟·查尔斯·克拉克（Arthur Charles Clarke）曾写道：任何足够先进的技术，都与魔法无异。但人们对区块链尚未深入理解。区块链不是包治百病的灵丹妙药，它不会解决所有问题。与所有新技术一样，人们倾向于以各种可想象的方式将区块链应用于每个领域。

因此，我和团队从 ArcBlock 成立第一天起就写博客、编撰本书，为广大对区块链感兴趣又不甚了解的读者提供对区块链的历史和未来的概览、分享如何用第一性原理和类比相结合的方法来分析把握新技术趋势，从而避免焦虑，实现见机而作。我们介绍区块链技术的原理及其原因和细节，努力消除区块链技术的所谓"神秘感"，帮助大家对当下日新月异的区块链建立宏观正确的认知，掌握准确的方法来切实考虑区块链在自己的工作和行业中应如何应用。

我们有理由相信，未来 10 年，区块链连同数字"货币"技术将带来天翻地覆的改变，造福全人类。

未来势不可挡，因为未来已来。

冒志鸿
ArcBlock 创始人兼首席执行官

前　　言

区块链是什么？区块链和比特币、数据库、互联网是什么关系？去中心化是区块链的本质吗？什么是共识算法、智能合约？区块链到底有什么用？为什么现在的区块链这么难用？为大众轻松易用的应用何时出现……

不管你对区块链一无所知还是接触入行有一段时间，是不是对区块链层出不穷的新概念、新名词犹如仰望星空，心生迷茫？

不要惊慌！请记住以下 3 点。

- 区块链技术是计算机科学发展的自然产物，它对互联网是升级，而不是替代。
- 如果说我们如今习以为常的互联网大大降低了信息传播的成本和门槛，那么以"公开可验证"为技术本质的区块链将推动互联网实现价值转移流通零门槛低成本。
- 今天区块链所处的时间节点相当于 1993 年的互联网前夜，其价值已经得到证实，应用场景也大致可以推断确定，只是"飞入寻常百姓家"尚需时日，而当下谁也不知道需要多久，真正的应用在哪里……

然而，对照互联网 30 多年来波澜壮阔的发展变化，区块链开辟的星辰大海将更为辽阔深远、激动人心……本书介绍了区块链技术及其应用，希望帮助读者找到自己的区块链认知路径。

作为横跨中美两地的区块链初创团队，ArcBlock 自成立第一天起，从创始人、工程师，到市场团队，甚至实习生，人人动笔，在公司技术博客不时写下对区块链技术的理解与介绍，以及分享开发实践案例，集腋成裘、聚沙成塔。

出于向备受极客推崇的科幻小说《银河系漫游指南》致敬，也是因为区块链知识信息犹如浩瀚星系爆发，这本内容选自 ArcBlock 技术博客的书取名为《2020 区块链漫游指南》。本书由冒志鸿、陈俊领衔，陈天、丁沛灵、舒适、王仕军、孙博山、徐咏忻共同创作，围绕区块链概念及其技术、去中心化身份、去中心化应用、区块链开发实战等方面展开一场星系漫游。

全书分为 6 部分。建议读者从"星系①"开始阅读。

- 星系①：对区块链的全局总览，回顾 30 多年来互联网发展结果趋向中心化，并由此引出区块链如何推动互联网重新回归"去中心化"初心，后两节主要探讨了区块链未来的发展趋势和具体技术实现。
- 星系②：进一步解释区块链和数据以及数据库的关系，第三节由区块链的结构特性引出如何从时间维度看待数据。
- 星系③：带读者浏览区块链技术自诞生以来从 1.0 到 3.0 阶段的发展过程。首先从技术层面揭示如何解析比特币数据、以太坊虚拟机是如何编译智能合约的，对深度技术的实现有兴趣的读者可以认真阅读。然后介绍区块链 3.0 平台的设计与愿景，并讨论未来量子计算对区块链的威胁。
- 星系④：图文并茂地解释什么是去中心化身份，以及去中心化身份将如何影响我们生活的方方面面。最后一节首先从技术层面解释什么是分层确定性钱包，并用 ABT 钱包举例，给读者展示一个实现好的分层确定性钱包如何兼顾流畅的用户体验。
- 星系⑤：深入浅出并全面阐述去中心化应用的定义内涵、制胜关键，以及设计开发一个去中心化应用需要考虑到的问题。
- 星系⑥：介绍去中心化应用的开发实战框架以及入门使用方法，对实践有兴趣的读者一定不能错过这一章。

希望本书能为读者观察并探索浩渺的区块链星空带来一些启发。

现在请启程漫游吧！

资源与支持

本书由异步社区出品，社区（https://www.epubit.com/）为您提供相关资源和后续服务。

提交勘误

作者和编辑尽最大努力来确保书中内容的准确性，但难免会存在疏漏。欢迎您将发现的问题反馈给我们，帮助我们提升图书的质量。

当您发现错误时，请登录异步社区，按书名搜索，进入本书页面，单击"提交勘误"，输入勘误信息，单击"提交"按钮即可。本书的作者和编辑会对您提交的勘误进行审核，确认并接受后，您将获赠异步社区的 100 积分。积分可用于在异步社区兑换优惠券、样书或奖品。

扫码关注本书

扫描下方二维码，您将会在异步社区微信服务号中看到本书信息及相关的服务提示。

与我们联系

我们的联系邮箱是 contact@epubit.com.cn。

如果您对本书有任何疑问或建议,请您发邮件给我们,并请在邮件标题中注明本书书名,以便我们更高效地做出反馈。

如果您有兴趣出版图书、录制教学视频,或者参与图书翻译、技术审校等工作,可以发邮件给我们;有意出版图书的作者也可以到异步社区在线提交投稿(直接访问 www.epubit.com/selfpublish/submission 即可)。

如果您是学校、培训机构或企业,想批量购买本书或异步社区出版的其他图书,也可以发邮件给我们。

如果您在网上发现有针对异步社区出品图书的各种形式的盗版行为,包括对图书全部或部分内容的非授权传播,请您将怀疑有侵权行为的链接发邮件给我们。您的这一举动是对作者权益的保护,也是我们持续为您提供有价值的内容的动力之源。

关于异步社区和异步图书

"异步社区"是人民邮电出版社旗下IT专业图书社区,致力于出版精品IT技术图书和相关学习产品,为作译者提供优质出版服务。异步社区创办于2015年8月,提供大量精品IT技术图书和电子书,以及高品质技术文章和视频课程。更多详情请访问异步社区官网 https://www.epubit.com。

"异步图书"是由异步社区编辑团队策划出版的精品IT专业图书的品牌,依托于人民邮电出版社近30年的计算机图书出版积累和专业编辑团队,相关图书在封面上印有异步图书的LOGO。异步图书的出版领域包括软件开发、大数据、AI、测试、前端、网络技术等。

异步社区

微信服务号

目　　录

星系①：区块链揭秘　　1

　　撬动互联网重归去中心化的支点 ……………………………………………………… 3

　　公链为王，还是织链为网 ………………………………………………………………… 7

　　5 张图看清区块链网络发展趋势 ………………………………………………………… 13

　　跨链交易技术：原子互换 ………………………………………………………………… 19

星系②：区块链和数据　　27

　　区块链让数据面前人人平等 ……………………………………………………………… 29

　　区块链和数据库 …………………………………………………………………………… 35

　　数据中的时间旅行 ………………………………………………………………………… 41

　　数据对区块链行业发展的重要性 ………………………………………………………… 45

星系③：区块链发展历程　　49

　　区块链 1.0：比特币数据解析 …………………………………………………………… 51

　　区块链 2.0：以太坊虚拟机如何编译和部署智能合约 ………………………………… 59

　　量子计算对区块链的威胁 ………………………………………………………………… 71

星系④：去中心化身份　　77

图说去中心化身份　　79

Microsoft 缘何基于比特币网络构建去中心化身份体系　　85

"制 DID 若烹小鲜"——6 步即可生成去中心化身份　　91

DID 钱包实例：分层确定性钱包　　97

星系⑤：去中心化应用　　111

什么是去中心化应用　　113

去中心化应用的五大制胜关键　　123

Apple 产品的去中心化变迁　　129

开发 DApp 需要思考的 4 个问题　　133

星系⑥：区块链开发实战　　137

跨越区块链技术鸿沟的开发框架　　139

图解区块链开发框架　　141

快速上手：如何一键发链、创建 DApp　　157

如何部署 ABT 链网　　165

后记①：开发和部署去中心化应用的平台设计　　173

后记②：以太坊开发者大会的启示　　191

星系①：区块链揭秘

撬动互联网重归去中心化的支点

公链为王，还是织链为网

5张图看清区块链网络发展趋势

跨链交易技术：原子互换

撬动互联网重归去中心化的支点

1989年3月,一位年轻的英国软件工程师蒂姆·伯纳斯-李(Tim Berners-Lee)在位于瑞士日内瓦西北郊的欧洲核子研究中心(CERN)写下了一份关于信息化管理的建议。这份建议提出了一个由众多互相链接的超文本组成、可通过互联网访问的信息系统的设想,来满足全球数以万计与CERN合作的科学家更容易分享彼此的研究资料和成果的需求,该设想最终孕育产生了如今我们日常生活须臾不可离的万维网(World Wide Web)。

30多年后的今天互联网的发展却陷入了信任危机。是什么原因,让因"去中心化"理念而生的互联网在30多年后变成中心化的信息旋涡?

如同绝大多数的数字通信系统,互联网是基于层叠而上的层级(Layer)设计发展起来的。互联网最底层是基础设施和信息交换协议,让我们连上路由器或输入Wi-Fi密码就可以"上网",这一层还称得上"去中心化"。尽管现实可供选择的网络运营商不超过5家,但没有一家公司可以控制信息交换协议。

互联网的第一层如同大地支撑着地面上所有的活动,在地面上的我们身处第二层,使用着搜索、社交、数据传递等这些变得非常中心化的互联网服务。而基于第二层延伸的第三层就是"大气层",其包括覆盖率超过98.2%(2017年底NetMarketShare的统计数据)的两大手机操作系统——Apple的iOS和Google的Android,以及Amazon、Google、Microsoft"三驾马车"的云计算平台。Facebook、Google、Amazon不仅抢占各自的核心市场,而且正在大量集聚、睥睨同行的海量数据,用于展开越来越精准的广告营销、为自家越来越强大的人工智能产品投喂"饲料"……

为什么互联网的3个层级越往上越中心化?因为互联网是在没有"记忆"的情形下建立起来的。其基础设计是用来移动数据和发布信息的,所以它的协议不记录之前由谁传输、传输什么内容等信息。开发其原始协议的互联网工程工作组(Internet Engineering Task Force)和万维网联盟(World Wide Web Consortium,W3C)本可以添加这一规则,但却没有这样做。

还有一个原因是，这些互联网的早期设计者过于理想主义，没有在底层协议中写入完善的治理机制。他们认为当时制定的协议足以防止中心化倾向，但这些协议实际上并没有发挥作用，而被人有意无意钻了空子。比如，早期互联网电商无法获悉顾客之前的购买记录，网景公司则发明了缓存在浏览器里的 Cookie，让互联网开始有了"记忆"。这些数据不只"缓存"在浏览器里，而且永久保存于服务器上，于是让互联网赢家通吃的网络效应（Network Effect）和连锁效应（Knock-on Effect）开始发挥作用。

以 Google 为例，它在 20 世纪末超越了曾经最知名的搜索引擎 Alta Vista，靠的是简洁的界面和快速且准确的搜索对用户形成的足够吸引力，一旦优势建立起来，服务就能吸引用户，用户流量吸引网站入驻，网站多了用户搜索体验就更好……网络效应和连锁效应的双重加速度，使 Google 迅速脱颖而出，竞争对手在反应过来时，早已望尘莫及……

Google、Facebook 这些凭借网络效应和连锁效应发展壮大的互联网平台，都依赖广告生存赢利——据 eMarketer 统计，两者目前总共获得了美国近 60% 的在线广告收入。这一选择意味着它们必须收集更多用户的数据：拥有的数据越多，就能更好地定位发布广告，也就能收取更多的费用。而在线广告作为商业模式存在两大缺陷：迫使企业更加密切地跟踪用户；进一步加强中心化倾向，因为广告客户往往会涌向最大的广告网络，以获得最高的曝光率。

当今天全球有近 2/3 的人口使用网络，越来越多的数据、资产在互联网中生产流通，在数字化生存成为每个人生活越来越重要的部分时，互联网中心化的弊病与害处正在赶上并抵消这些平台带给用户的便利和好处：因为依靠出售用户注意力赢利，平台就尽可能锁定用户、延长用户停留时间、增加用户平台切换迁移的难度，并挖掘收集尽可能多的用户数据；中心化降低了侵犯个人隐私和利用个人信息的难度，用户对此根本无计可施；因为一家独大，平台丧失了向用户让利、提供良好客户服务的动力，而用户也丧失了选择权和控制权；中心化系统获得了不受限制的权力，对用户及在其平台上的第三方开发者掌控着"生杀予夺"的大权，除了舆论批评、法律规制，外界其实拿它们几乎没什么办法。

为此，痛心疾首的蒂姆·伯纳斯-李从 2015 年开始动手改造万维网，专注于研究开发一个旨在"将数据合法所有权归还给每个网络用户"的全新网络架构 Solid，并在 2018 年 9 月宣布成立 Inrupt 公司来推进这一开源项目的普及应用。Solid 的主要设计思想是，用户的个人数据不存储在企业的服务器里，而是保存在用户自己的"个人数据夹"里，而个人数据夹放在一个可靠的服务器上。用户可以运行自己的服务器，或者像当年建个人网站一样将其托管给供应商。用户可以授予单个应用读写"个人数据夹"的权限；停止使用应用时，用户只需要撤销它的访问。提供应用的企业永远不必担心存储的压力和删除的风险。

然而在林林总总、越来越多的个人数据中，身份最为重要。如同拥有独立的身份人格才有可能拥有财产和名誉权，在反思互联网中心化弊病的思潮中，自主身份（Self-Sovereign Identity，SSI）正在成为数码世界启蒙运动的最强音，为奉去中心化为圭臬的 W3C 专家和区块链创业者所追求：让我们重新掌控自己的数字身份。换句话说，每个人都可以选择和控制数字自我，就像我们可以控制物理自我一样。这与我们都拥有与生俱来的尊严这一事实是一致的，这种尊严不来自出生地，也不来自人类之外的某种属性。

自主身份是一种由用户个人拥有完全控制权的自我主权身份，与用户身份相关的数据能够通过密码学、分布式账本技术被安全存储、私密验证。所有人将不必完全依赖如 Facebook 这样的第三方为他们颁发身份标识。人们可以创建、拥有和控制自己的身份标识，以及决定在什么情况下与谁共享什么信息。现状是，用户在网上并不拥有控制自己身份标识的权利，而是受制于相关机构或 Google、Facebook、Twitter、LinkedIn 等公司的规定条款。这些角色在身份信息系统的生态中仍能发挥作用，但新的自主身份工具将打破权力平衡：大型组织将服务于个人，并与之建立关系，而不是个人受其支配。

所幸的是，互联网过去 30 多年的发展让自主身份在今天有了得以实现的可能：智能手机的普及让绝大多数人随身携有一台计算能力强大的计算机，无处不在的移动网络服务能够让人们一直保持在线状态，近两年 O2O 的成熟让扫描二维码成为常见易行的用户行为，而异军突起的区块链技术则为数据提供了散列加密、不易篡改的特性……

30 多年后的今天，撬动互联网重新回归其去中心化初心的，将是自主身份这一神奇的支点。

公链为王，还是织链为网

2019 年，虽然加密"货币"市场仍处于熊市寒冬，但区块链行业却不断传出令人振奋的消息：以太坊完成旨在将工作量证明（Proof of Work，PoW）共识机制切换为与权益证明（Proof of Stake，PoS）共识机制混合的君士坦丁堡硬分叉、Cosmos 的主网 Cosmos Hub 正式上线、ArcBlock 的 ABT 链网 3 月底发布、Polkadot 也计划在 2020 年上线。这些事件不约而同为加速区块链技术落地开辟了一条颇具前瞻性的道路：提供给开发者友好便利的开发框架，人人都能按需开发自己的区块链；打破隔阂，让所有区块链能够连通起来，促进价值无缝流通。

和"一条公链搞定一切"的思维分道扬镳

2018 年，众多公链项目沿着以太坊开辟的"世界计算机"方向，聚焦于单条区块链的交易吞吐量和性能的提升进行各种探索设计。一时之间，各种"公链"层出不穷，人人试图为全世界修建一条大而全的"公路"来解决各种"交通运输"问题，即使是各种链上分片、链下用侧链/子链/状态通道等扩容技术的方案，也仍然按照这一思维做文章。结果区块链的性能并未得到实质性提升，却诞生越来越多技术架构各异、互不连通的公链，让开发者疲于奔命。

作为专注于去中心化应用（Decentralized Application，DApp）开发部署的区块链时代的"云"平台，ArcBlock 的设计初衷是从应用开发角度出发，帮助开发者不但摆脱访问调用不同区块链的麻烦和负担，而且尽可能降低应用被底层公链锁定的风险。2018 年 7 月上线的开放链访问协议（Open Chain Access Protocol，OCAP）即为 DApp 访问比特币、以太坊等底层公链提供了统一易用的中间抽象层，使其在加强区块链互操作性的道路上"吾道不孤"：终结越来越多的公链/许可链之间呈现的割据局面，在一座座价值孤岛之间搭建起价值互通的桥梁，使链与链之间可以互相传递信息、发送交易，从而形成整个区块链的价值互联网。

如果说以太坊公链设计好比全世界只修一条公路，那么 ArcBlock 等提出的"织链为网"

的全新思路则是编织区块链的交通网络，让各种车辆各行其道，既需要免费的公路，也需要收费的高速公路和私家车道。最重要的是，交通网络必须有一个综合平台来协调指挥，才能有效利用路网资源发挥最好的综合性能。

除 ArcBlock 之外，Polkadot 以及在企业联盟链领域耕耘已久的 Hyperledger Farbric，都是在这个方向上探索前行。可以说，关于区块链的未来方向，最终可能形成分道扬镳的两大阵营。

从"互联网"到"互联链"的发展趋势

回顾互联网技术发展史，可以发现历史有着惊人的相似之处：早期的计算机网络是一个个独立的局域网，然后逐渐互联成为更大的通信网络。计算机网络并没有孕育出几个超级通信网络服务，相反，去中心化的互联网协议取得了巨大的成功。我们有理由相信，区块链也会朝着类似的趋势发展。

在如何实现跨链互联互通方面，目前各家的技术解决方案也是八仙过海、各显神通，但基本的设计和目的是类似的。有趣的是，这些不同的跨链技术本身都体现出对其他技术的互联互通性，理论上它们是互相兼容、可以连接起来的——这与传统的"公链"们各自为政形成了鲜明对比。

以 Tendermint 团队为核心团队开发的跨链项目 Cosmos 定义了链间通信协议（Inter-Blockchain Communication，IBC），该协议允许使用 Cosmos SDK 开发的具有相同结构的区块链以及代理链（遵守原链和 IBC 通信标准）以 Zone 的形式与 Hub 这一中间枢纽连接通信，实现链与链的互联互通，最终形成宇宙星云式链网结构。Polkadot 在 Cosmos 之后出现，可能受 Cosmos 启发，其设计有类似之处。

由于 Hyperledger Fabric 的主要定位是企业联盟链的场景，因此常常被人忽视。但是 Fabric 的设计思路相当超前，当各家公链还在喧嚣之时，Hyperledger Fabric 就从其"Fabric"这个名字上体现了其多链交错设计的特色。不过由于 Fabric 的设计目标是联盟链环境，多链主要体现在其一个应用中采用 Channel 的方式来切分多条链的设计，因此并没有重视跨链通信问题的解决。

ArcBlock 的 ABT 链网（见图 1）与前述设计不同，采用的是独创的三维稀疏矩阵的组网思路，所有的链都是平行空间，用去中心化身份和可编程通证（Programmable Token）来巧妙地实现链与链的互联和通信。在 ABT 链网中，链和链之间的通信不需要通过任何中间人的中继（Relay）或 Hub 进行，更为去中心化，组网更为自由。

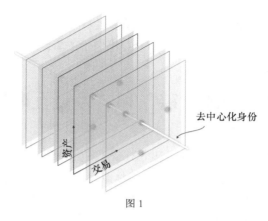

图 1

多链互联设计的另一个显著优势是不再需要区分"私链""联盟链""公链"，不必陷入许可链（Permissioned Chain）和无许可链（Permissionless Chain）这些名词之争。当各条链可以有效互联时，必然有一部分是公共的而有一部分是私有或者联盟的，必然有需要许可的和无须许可的，恰如今天的互联网一般。

无论上述哪一种技术，其基本思路都和现在的"一条公链搞定一切"的单链设计思路有着截然不同的世界观。

个人自主的去中心化身份技术是连接 DApp 的关键

当应用被去中心化的区块链拆分成很多部分之后，是什么把这些去中心化的应用部件组织成一个完整的应用来呈现给用户？答案就是去中心化的数字用户身份。

DID 是 W3C 于 2019 年 1 月制定的用户自主身份的数字身份技术标准，业界刚刚开始研究并开发其在区块链技术架构和应用中的价值与功能。DID 在技术上支持用户自主身份在互联网中的实现，奠定了更好的保护用户隐私、用户资产安全、保障用户数据主权等一系列重要基础，也是实现去中心化应用的关键技术。

ArcBlock 把去中心化身份设计为关键部件。ArcBlock 的 DID 设计从底层开始贯彻始终。未来可能会有越来越多的区块链采用侧链或者智能合约的方法来实现 DID，但是 ArcBlock 的 DID 是从最底层支持的，属于彻底支持 DID 的方案。Hyperledger 可能是出于其企业联盟链的场景，继承了传统的企业认证机制，这在企业内部可能是可行的，但限制了其跨越组织的应用场景。

值得一提的是，ArcBlock 平台把支持 DID 的钱包作为一个重要基础部件，加密钱包将不只是一个数字资产的管理工具，更是用户去中心化身份的管理利器。

组件化设计，让"一键发链"和"万链互联"成为现实

授人以鱼，不如授人以渔。ArcBlock 和 Cosmos 都将一条区块链的开发由下而上分离出 3 层：网络层（底层数据结构和通信协议设计）、共识层（共识机制设计）和应用层（具体业务逻辑设计）。将网络层和共识层设计封装为内核，应用层的通用功能分离成可插拔的模块，组成软件开发工具包（Software Development Kit，SDK），让开发者能够一键发链：他们不再需要设计整条区块链，而只需要实现核心的业务功能。

ArcBlock 提供的开发者发链框架是 ArcBlock Blockchain Framework（以下简称"ArcBlock 框架"）。如图 2 所示，其在系统架构位置上和 Cosmos SDK 是一致的，能更好地帮助开发者发布根据自己需求定制的区块链，并与自己的 DApp 无缝连接；其内核以远程调用（Remote Process Call，RPC）的方式调用共识引擎、状态引擎和存储引擎，帮助开发者定制的区块链实现共识达成、状态同步和分布式存储，而这 3 个引擎均可插拔（如目前 ArcBlock 框架共识引擎调用的是 Tendermint，未来可插拔切换为其他共识算法）；框架应用区块链接口连接内核与更为丰富的应用层，DID API、区块链 API 和 OCAP API 帮助安全连接其他用 ArcBlock 框架打造的链以及比特币、以太坊等为 OCAP 支持访问的公链。在这之上支撑 DApp 的还有更多开发者可以直接使用的工具——管理控制台、命令行工具、区块浏览器等，而不只是框架。

对开发者而言，ArcBlock 框架更为简单实用，属于"开箱即用"的设计，其目标是让开发区块链如同用 Ruby on Rails 来开发 Web 应用般新颖和易用。两者相比，Cosmos 在理论上可以更加灵活，而 ABT 链网的 ArcBlock 框架更加简单易用。ArcBlock 框架牺牲了一定的灵活性来换取简单和高性能，Cosmos 追求充分的灵活性而牺牲简单性。这种区别属于设计理念的区别，无所谓高下优劣。ArcBlock 框架的目标就是要构建对开发者极其友好的区块链应用平台，因此追求良好的开发者和用户体验是其最高原则。

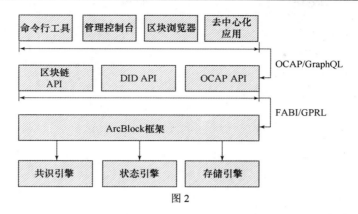

图 2

织链为网的区块链设计,更有可能搭建对开发者友好的应用开发平台,能让区块链更贴近实际应用场景,让去中心化应用在这样的基础土壤中得以生长。

5 张图看清区块链网络发展趋势

拨开"名词"迷雾，透过现象看本质

今天的区块链行业新名词层出不穷。有"中心化"和"去中心化"，从"公有链""私有链""联盟链"，到后来的"许可链"和"无许可链"，还有"主链""侧链""根链""子链"，以及"状态通道""闪电网络"，更有"layer 0"（零层）、"layer1"（第一层）、"layer2"（第二层）这种数字编号的命名，令人有种"眼花缭乱"的感觉……

其实这些现象很多只是无谓的名词之争，往往概念越是模棱两可，人们越容易陷入这种我是你非的争论，妨碍对事物本质的认知。把区块链放在互联网乃至电信网发展的历史中去观察，透过现象看本质，理解区块链的本质和去中心化的真义，才是把握行业脉搏的关键。

如图 1 所示，左侧是简化的互联网应用的架构（这里只画了 Web 应用，但与其他类型的应用基本类似），而右侧则是简化的区块链网络和去中心化应用的架构。

可以看到图中两个技术架构非常相似。左侧的互联网架构我们非常熟悉，以至于觉得"本来就应该这个样子"，但实际上互联网这一架构也是历经将近 20 年的激烈竞争生存下来的；右侧是去中心化应用的架构，虽然这一"链网"架构是我们在设计 ArcBlock 平台和服务的过程中摸索总结出来的，但在 Cosmos 等其他同行推出的产品中发现原来"英雄所见略同"。

Web 应用和 DApp 都需要相似的网络、节点到框架 3 层架构的支持和服务，如表 1 所示。参照互联网 Web 应用的发展过程，可以明白围绕着 DApp 的是专业分工、选择多样的基础网络、节点服务器和开发框架。

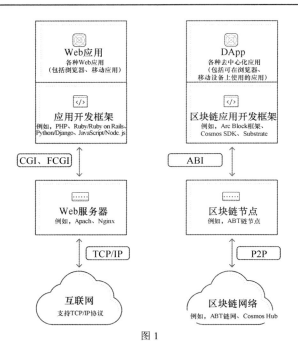

图 1

表 1　Web 应用与 DApp 的相似之处

	Web 应用	DApp
应用	各种 Web 应用（包括浏览器、移动应用）	各种去中心化应用（包括可在浏览器、移动设备上使用的应用）
框架	应用开发框架 例如 PHP、Ruby/Ruby on Rails、Python/Django、JavaScript / Node.js 等	区块链应用开发框架 例如 ArcBlock 框架、Cosmos SDK 和 Substrate
节点	Web 服务器，例如 Apache、Nginx	区块链节点 例如 ABT 链节点
网络	支持 TCP/IP 协议的互联网	区块链网络 例如 ABT 链网、Cosmos Hub

　　此外，互联网应用离不开数据库技术，后者出现时间比前者稍早一些，而两者的发展也形影不离。在数据库发展的早期，也曾经"百花齐放"，无数种数据库技术竞相争夺"王者"地位，最终只有少数存活下来。SQL 成为目前数据库查询的通用语言，而采用例如 ODBC、JDBC 这样的连接中间件、应用开发层的目标关系映射（Object Relationship Mapper，ORM）等部件已经成为 Web 应用标准的设计模式。

　　如果把互联网 Web 应用的数据库访问部分加入图 1，同时也把区块链应用中访问上一代主流区块链的更理想的一种方式加进去，就看到图 2 所示的内容。

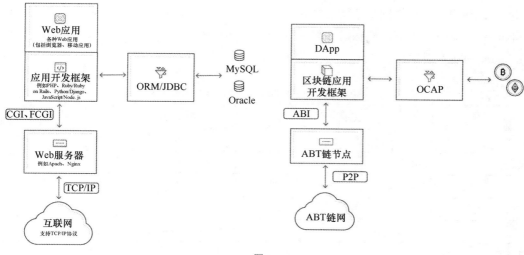

图 2

两者何等的相似？结合互联网的架构，相信很多读者会从这相似性中豁然开朗，理解区块链网络的架构，以及去中心化应用在这个体系内的地位。

其实不必惊讶，类似的相似性在计算机技术的发展过程中是一再重复出现的。今天互联网的架构也和过去的电信网有着很多的相似之处。技术的发展趋势是以螺旋状稳步上升的。因此，当我们今天看到一项大肆宣传的新技术凭空搭建了一个彻头彻尾革新的架构时，反而要多加小心，观察其是否"靠谱"。

织链为网：链网成为区块链技术主流

IP 网、区块链都会连接编织成网的结构，如图 3 所示。

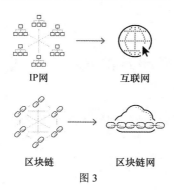

图 3

进入 2019 年，区块链网络架构在区块链领域崭露头角，ArcBlock、Cosmos（原 Tendermint）和 Polkadot 是目前支持链网架构态度较鲜明的几个开发团队。表 2 所示为 ArcBlock、Cosmos 与 Polkadot 的技术对比。

表 2　ArcBlock、Cosmos 与 Polkadot 的技术对比

	ArcBlock	Cosmos	Polkadot
框架	ArcBlock 框架	Cosmos SDK	Substrate
协议	OCAP	IBC	Polkadot
共识	PoS	PoS	PoS
通证	ABT	ATOM	DOT
发布时间	2019 年 3 月 30 日	2019 年 3 月 14 日	2020 年（预计）
实现语言	Erlang/Elixir	Go	Rust
SDK 语言	JavaScript/Node.js、Python、Erlang/Elixir、Swift/Objective-C/iOS、Java/Android	Go	Rust、JavaScript
RPC 协议	gRPC、GraphQL	JSON-RPC	JSON-RPC
支持异构链	可支持	可支持	可支持
异构链	比特币、以太坊	以太坊	暂无
链网支持数量	理论上没有限制	理论上没有限制	数百条（1.0 版，计划未来可支持更多）

从表 2 可见，ArcBlock、Cosmos 和 Polkadot 这 3 家产品的最大特点就是"织链成网"。在越来越多人理解区块链的架构后，相信大部分区块链开发项目可能会采用这样的架构，或者成为架构里的一环。ArcBlock 的链网和 Cosmos 主网相继在 2019 年第一季度发布，均已宣布可以支持无限条链的自由组网；Polkadot 已经发布了几个测试版本，它的正式上线也备受关注。

演进的启示：从电信网到互联网，再到区块链网络

图 4 所示为电信网、互联网与区块链网络之间的关系。

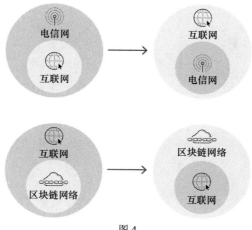

图 4

直到今天，互联网并没有完全取代电信网，虽然在大众心目中，互联网的价值和重要性已经远远大于电信网。不过，仅仅就在数年前，互联网在大多数电信运营商眼里不过是一项"增值数据业务"。在很长时间里，电信网一直在演进融合，这中间还有"广电网"这个曾经重要而如今几乎被忽略不计的网络。"三网合一"的"融合通信"曾经是数年前业界热议的目标和理想，如今却以互联网融合一切悄然成为现实。今天的区块链网络基于 P2P 协议，因此在很多人眼中，它也只是互联网承载的一块"小业务"，正如过去互联网生长在电信网中一般。但未来，我们坚信区块链网络将大放异彩。

跨链交易技术：原子互换

所谓跨链交易，指用户用一条链上的资产去换取另外一条链上的资产。在现实生活中，我们很容易把一个苹果从一个篮子装到另外一个篮子里，但在区块链世界中，我们无法把一条链上的资产搬到另外一条链上。

跨链和传统的跨数据库数据传输并没有本质上的区别。我们能做的仅仅只是在一条链上对数据进行一次更改，然后在另外一条链上再对数据进行一些更改，两次更改需要满足一定的逻辑关系。就好比平时跨行转账的时候，并不是一家银行派一辆运钞车把钱运到另一家银行去，它们仅仅只是在各自的数据库上做了一些变动。

跨链的难点在于这两次数据改动需要是原子性的，也就是要么两次改动都成功，要么两次改动都不成功，不允许只有一次成功的情况出现。

在传统的中心化数据库领域中，这个问题并不难解决，因为我们可以根据第一个数据库里的数据更改情况来决定是否对第二个数据库进行更改，并且很容易回滚第一个数据库。

但是在区块链的世界中这一点非常难办到，而难点就在于"根据"两字。

对于一条链来讲，凡是无法直接从该链上取得的数据，我们都称为链下数据。假设我们有A、B两条链。对于A链来讲，因为它无法直接取得B链上的数据，所以B链上的数据是链下数据；反之对于B链来讲，A链上的数据也是链下数据。

在区块链的世界中，很难根据链下数据来做出相应的判断，而其原因在于链下数据源的去中心化。对于链上的所有数据，该链上的所有节点都已经达成共识，但是我们应该怎么样让所有节点对链下数据达成共识呢？

如果只采用单一数据源，那么岂不是违背了去中心化这一区块链的核心宗旨？单一的数据源将完全控制整条链。但是，如果采用多数据源，那么我们又怎么才能以可接受的代价来让本条链的所有节点就这些数据源达成共识呢？

因此，跨链的本质就在于获取链下数据。

目前，业界主要的跨链实现方案有 3 种：原子互换（Atomic Swap）、公证人机制和侧链机制。这些方案的背后是从不同的角度去解决获取链下数据这个问题。这 3 种方案的横向对比如表 1 所示。

表 1 跨链实现方案比较

方案	去中心化程度	链上治理难度	实现难度	适用场景	安全性
原子互换	高	不适用	低	适用于大多数场景	较高
公证人机制	低	高	高	适用于各种场景	高
侧链机制	取决于侧链如何获取主链信息	取决于中心化程度	取决于中心化程度	适用于各种场景	高

公证人机制实际上在一定程度上是违背区块链的去中心化宗旨的，因为公证人本身就很容易成为一个中心化的实体。并且因为引入了公证人，在"作恶"之后，如何在链上审判并惩罚公证人又将成为一个巨大的难题，所以想要在一条去中心化的链上实现公证人机制是相当复杂的。但是如果大家都相信公证人，并且公证人都不"作恶"，则此方案可以提供极高的适配性和安全性。

侧链是相对于主链来讲的，侧链会主动读取主链上的数据，而主链却不知道侧链的存在。侧链机制的去中心化程度取决于侧链如何读取主链上的数据。如果让侧链上的每个节点独立地读取主链数据，那么此方案将是完全去中心化的，但也是极其难以实现的。如果让节点从单一数据源获取数据，那么在变得容易实现的同时，系统也变得高度中心化了。

原子互换是高度去中心化且容易实现的方案。并且由于在这个方案中没有引入任何第三方，因此不存在链上治理的问题。原子互换本来相比于其他两种方案在适配性和安全性上稍微有所欠缺，但是由于 ArcBlock 框架独特的开发架构，这些缺点也很轻松地被改正了。基于以上原因，我们最终采用原子互换这一跨链方案。

原子互换

介绍原子互换之前，先引入两个概念：散列锁（Hash Lock）和散列钥匙（Hash Key）。一个散列锁其实就是一个随机数的散列值，而这个随机数本身就是散列钥匙。假定我们有一

个随机数 x，然后对它进行一次散列运算，得到它的散列值 y，那么 y 是散列锁，而对应的 x 为散列钥匙。形式化的表示如下：Hash(x) = y。

掌握了这个概念，即可了解我们怎么进行原子互换。

假设场景如下：Alice 和 Bob 想做一次跨链交易，Alice 愿意以她在 A 链上的 100 个通证（Token）来购买 Bob 在 B 链上的 1 个资产（Asset），该 Asset 的地址为 z123。

假定在原子互换之前，Alice 和 Bob 的状态如图 1 所示。在 A 链上，Alice 有 100 个 Token，Bob 没有 Token；在 B 链上，Alice 没有 Asset，而 Bob 有一个 Asset。

图 1

在此基础状态下，原子互换流程分为以下 4 步。

第一步：由 Alice 发起，Alice 先产生一个随机数 x 作为散列钥匙，然后生成相应的散列锁 y。Alice 用这个散列锁把 100 个 Token 锁定在 A 链上。

在锁定的时候要指明如下信息。

- 待锁定的 Token 数量，在此例中为 100。

- 解锁人是谁，在此例中为 Bob。

- 设置一个锁定时间。在这个锁定时间之后，如果 Bob 还没有取走 Token，则 Alice 可以单方面撤回这些 Token，但是在锁定时间之前 Alice 不能这么做。

- 使用的散列锁是什么。

如图 2 所示，散列锁定好之后，这 100 个 Token 就从 Alice 的名下给划走了，确保她不能再使用这些 Token。这条交易（Transaction）的内容在 A 链上是公开可见的，Bob 可以很清楚地知道里面的所有内容。

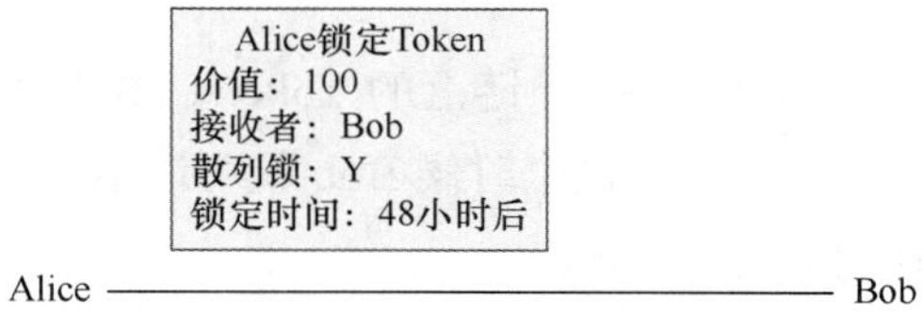

图 2

第二步：如图 3 所示，Bob 在确定 Alice 已经锁定好 Token 的情况下，用同样的散列锁把 Asset 锁定在 B 链上，同样，锁定的时候需要指明如下信息。

图 3

- 待锁定的 Asset 地址，在此例中为 z123。

- 解锁人是谁，在此例中为 Alice。

- 设置一个锁定时间。在这个锁定时间之后，如果 Alice 还没有取走 Asset，则 Bob 可以单方面撤回这些 Asset，但是在锁定时间之前 Bob 不能这么做。

- 使用的散列锁是什么，此时必须和 Alice 用同一把锁。

第三步：如图 4 所示，由 Alice 解锁链上的 Asset。在解锁的时候，Alice 必须提供散列钥匙，当验证通过之后，Alice 即可取走锁定的 Asset。

图 4

第四步：如图 5 所示，由 Bob 解锁 A 链上的 Token。由于 Alice 已经在 B 链上解锁了 Asset，因此散列钥匙也被公布了出来，这个时候 Bob 就可以很轻松地知道钥匙是什么，从而完成在 A 链上的解锁，拿到相应的 Token。

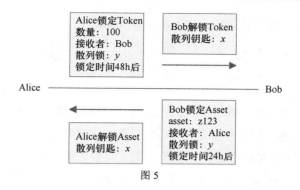

图 5

按照图 6 所示的流程，Alice 和 Bob 就可以顺利完成原子互换，并且最终达到一个新的状态：在 A 链上，100 个 Token 从 Alice 的账户转移到了 Bob 的账户下；在 B 链上 Asset 从 Bob 的账户转移到了 Alice 的账户下。

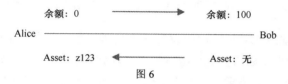

图 6

但是，可能还有图 7 所示的情况。就是在第三步的时候，如果 Alice 改变了主意，决定不去取 B 链上的资产，那么 Alice 也不会泄露相应的散列钥匙，Bob 也无法取得 A 链上的 Token。在这种情况下，Alice 和 Bob 只需要在锁定时间之后，将各自锁定的 Token 和 Asset 撤回。

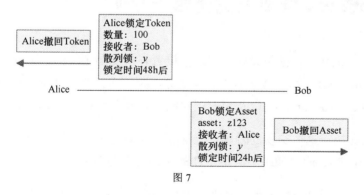

图 7

至此，整个流程总结如下。

- 整个原子互换是在链上实现的，并且自始至终都没有第三方参与，完全由 Alice 和 Bob 完成。

- Alice 和 Bob 之间不需要互相信任，因为这套机制保证了双方的资产安全。如果 Alice 取走了 Asset，那么 Bob 一定知道散列钥匙从而取走 Token；如果 Alice 不取走 Asset，那么 Bob 也无法得知散列锁，也无法取走 Token。

- 正因为上述特性，我们才为此方法取名为原子互换。整个交易是原子性的，要么双方都能得到想要的东西，要么双方都得不到。

- 虽然 Alice 是首先锁定和解锁的那一方，但是这并不代表 Bob 始终处于被动局面。Bob 在锁定 Asset 之前，可以先查看 Alice 在 A 链上锁定的 Token。他需要检查锁定的 Token 数量对不对、解锁人是不是他，以及（最重要的）锁定时间到底是多长。因为在这个锁定时间之后，Alice 是可以单方面撤回 Token 的，如果这个锁定时间和当前时间很接近的话，Bob 有损失其 Asset 的可能。Bob 在锁定 Asset 之前，应该确保这个锁定时间是在当前时间之后的一个合理范围内。比如，当前区块高度是 10 000，并且平均每 15s 锁定一个块，那么一个合理的锁定时间可能是 15 760，也就是说在第 15 760 个块之后，Alice 才能单方面撤回 Token，这个锁定时间大致相当于一天。

- 同样，Bob 在锁定 Asset 时也应设置一个合理的锁定时间，且小于 Alice 设置的锁定时间。比如 Bob 可以设置为 10 240。我们仍然假设平均每 15s 锁定一个块，块高为 10 000～10 240，大概需要 1h，这相当于是只给了 Alice 1 h 的时间决定是否取走 Asset，从而为自己留出至少 23h 的时间去取回 Token。

如何在 ArcBlock 框架上实现原子互换

首先是锁定。ArcBlock 框架设计并实现了设置互换交易（SetUpSwap Transaction）来让用户锁定 Token 和 Asset。在这个交易中，发送方需要填入接收方地址（Receiver Address）、散列锁、锁定时间（Locktime），以及想要锁定的 Token 数量和 Asset 地址。

ABT 链节点在执行这个交易的时候会验证锁定时间是否大于当前块高，以及发送者是否持有相应的 Token 和 Asset。如果不满足条件的话，则交易会失败。

当交易通过后，ArcBlock 框架会生成一个互换状态（SwapState）。这个 SwapState 的地址是根据交易散列（Transaction Hash）来生成的，因为 ArcBlock 框架不允许重复的 Transaction Hash，所以 SwapState 的地址也是不会重复的。

这一点也同样保证每个 SwapState 是单独的、互不影响的。

SwapState 本身不属于任何账号，它只按照原子互换的规则运行。当 SetUpSwap Transaction

上链之后，相应的信息会记录在 SwapState 上，如发送方地址（Sender Address）、接收方地址（Receiver Address）、锁定时间（Locktime）、散列锁、Token 及 Asset Addresses。其中 Token 和 Asset 是从发送方转来的，这样确保发送方无法再更改这些 Token 和 Asset。

其次是解锁，对应的交易是接收互换交易（ReceiveSwap Transaction）。

在这个交易中，我们需要填入想要取回的 SwapState 的地址，以及相应的散列钥匙。

链节点在执行这个交易的时候会验证 SwapState 中接收方的地址和此交易发送方的地址是否一致、散列钥匙是否和散列锁匹配，以及 SwapState 中是否还有 Token 或者 Asset。

在条件满足且交易执行通过之后，散列钥匙会被写入 SwapState 供所有人查阅。SwapState 中的 Token 和 Asset 会转移到相应的账户中。如果中途想终止交易，那么就需要撤回锁定的 Token 或者 Asset。我们用撤回互换交易（RevokeSwap Transaction）来实现这一步。

在这个交易中，我们只需要填入 SwapState 的地址即可。

ArcBlock 框架会验证 SetUpSwap Transaction 和 RevokeSwap Transaction 的发送方是否为同一个人。同时也会验证当前区块高度是否已经超过 SwapState 中记录的锁定时间，以及 SwapState 中是否还有 Token 和 Asset。

如果交易成功执行，那么 SwapState 里的 Token 和 Asset 会被转移给交易发送方，从而达到撤回的效果。

其实，在整个设计和实现过程中，有很多细节需要思考。

首先，因为整个原子互换里最重要的因素是散列钥匙，所以对散列钥匙的保护是我们考虑的第一点。在具体实现时，和其他 ArcBlock 框架上的交易相比，我们做了一个改动。那就是当一个 ArcBlock 框架节点在验证一个 ReceiveSwap Transaction 的时候，如果这个交易失败了，则它不会被记录到链上，也不会被广播给其他节点，这能最大限度减小 ReceiveSwap Transaction 中的散列钥匙被暴露的范围。

当然，即使这个交易没有被写到链上，也没有被广播，但是它仍然至少被一个节点验证过。如果这个节点本身就是"作恶"节点，那么它完全有可能记录下该散列钥匙。为避免这种情况，合理设置锁定时间就显得尤为重要，因为在锁定时间之前，都只有对应的接收方被允许转走 SwapState 里面的 Token 和 Asset。接收方应该利用这段时间，排查失败的原因并且不断进行重试。

在实际中，原子互换失败的原因可能是网络问题或者是手续费不够等。为此，ArcBlock 在 ABT 钱包里也做了相应的优化。钱包会在发送方发送 ReceiveSwap Transaction 之前比较当前块高和锁定时间，如果两者过于接近，则钱包会发出相应提示。

其次，另一个潜在的安全因素是散列钥匙的大小。在 SetUpSwap Transaction 中，我们只包含散列锁的值。因为该值是一个散列值，所以大小是固定的。但是我们并不知道散列钥匙的大小——因为它可以是任何值。在一些极端情况下，一个特别大的散列钥匙可以导致单方面的 ReceiveSwap Transaction 验证失败。因此，我们将其大小限制在 64 字节以内。

原子互换如何获取链下数据

如前所述，跨链的最终难点在于链下数据的获取。在了解原子互换的上述流程之后，读者也许已经意识到，其实我们并没有在原子互换中真正获取链下数据，而是巧妙地规避了这个问题。

在整个原子互换流程中，真正跨了链的就只是一个随机数，也就是散列钥匙。我们并没有按照本文开头的表述，根据第一条链的数据来对第二条链进行数据更改，而是把相应的责任完全转移到了散列钥匙的身上。

这种责任转移是一种妥协，并没有完全解决这一问题。之所以说是一种妥协，是因为假定 Bob 知道散列钥匙这件事和 Alice 已经成功取走 Asset 互为充分必要条件，所以我们不会在 Bob 取走 Token 的时候验证 Alice 是否真的成功取走了 Asset。然而在真实的环境中，这种假定还是有可能不准确的，正如我们之前谈及安全问题时所提到的那样。

但是在链下数据源去中心化这一巨大障碍面前，做出这个妥协是值得的。我们曾经也探索过其他方案，这些方案要么让系统规则变得极其复杂（如引入一个中间人去验证链上数据），要么极大增加运行节点的成本、降低系统的可扩展性（如将区块链扩展为区块链网），所以最终我们选择了原子互换的方案。

星系②：区块链和数据

区块链让数据面前人人平等

区块链和数据库

数据中的时间旅行

数据对区块链行业发展的重要性

区块链让数据面前人人平等

过去两年，区块链冷冷热热，催生了许多流星般的术语，也造就了不少值得深入探讨的概念，比如公开可验证（Public Verifiable）。公开可验证探讨的是信任：我们如何在不必信任对方身份的情况下信任数据本身。互联网时代，信任是基于身份的，或者说是基于权威的。这不是因为我们真的相信他们"不作恶"，而是我们别无选择，只能从经济学的角度"一厢情愿"地相信他们"作恶"的代价大于"不作恶"的代价。

就拿一场开发者大会 Code BEAM 的门票举例。我们愿意信任 Eventbrite 这一美国活动门票网站并从其购票是因为：Eventbrite 是这个领域的权威，Code BEAM 在这个平台上面售票。对于购票者来说，我们把信任寄托于：Eventbrite 会诚实地存储购票者购票的记录以供 Code BEAM 验证；Eventbrite 的数据库足够安全，数据基本不会损坏、丢失或者被恶意篡改；即便数据损坏或者丢失，Eventbrite 也有足够的备份把数据恢复到一个合理的状态。

作为一个工程师，我们都知道这种信任其实是很脆弱的。对于一个数据库系统来说，我们虽然设置了层层访问权限，费尽心思地考虑灾备，但可悲的是，我们一切操作的基础都建立在数据本身是可信的。所以，所有的安全手段都是在确保数据的访问者只能处理给予他权限的数据。比如我们只允许用户 Tyr 往 Asset 表里添加数据，不能修改和删除，那么，只要 Tyr 登录了数据库，即便在 Asset 表里随意涂鸦（只要符合定义好的数据类型），数据库也照单全收。

是的，我们使用的一切数据库系统，无论是 PostgreSQL 还是 Riak，无论是 Aurora 还是 DynamoDB，只要撰写数据的用户拥有写的权限，他就可以写任意真实或者虚假的数据。

换言之，数据的可信并不是建立在数据可信本身，而是建立在数据所赖以生存的环境是安全的。因为我们信任数据所处的环境，所以我们信任数据本身——多么完美的逻辑！这让我想起了电影《碟中谍》（Mission Impossible）里，汤姆·克鲁斯（Tom Cruise）扮演的角色跳入一个藏匿在大坝底下的数据中心，替换了数据卡而成功地帮助班吉篡改身份的场景。

那么，有没有办法在数据输入的时刻，我们就可以保证数据的完整性？

答案很简单：数字签名。

为了行文方便，我们假设有一个人人都可以访问的数据库 Cyberbase——任何人都可以向其中写入和自己相关的数据，而无须批准。数据库只接受那些签名正确的数据，并且按照一定的规则更新数据库。

例如，用户 Tyr 要把他的微信年龄修改成 18 岁。在目前的系统里，直接"告诉"微信"拜托请把 Tyr 的年龄改成 18 岁"，然后微信"告诉"数据库。

```
Update user set age = 18 where id = 'a008374856';
```

而在 Cyberbase 中，用户用他的私钥签名一个消息：Tyr 今年 18 岁。对于这个消息，我们更新数据库的规则是，如果发起人（Sender）的签名正确，那么我们执行 sender.age = 18。这样，关于 Tyr 的事实只能由 Tyr 来陈述。如果一个第三方，比如 Alice 想改 Tyr 的年龄，因为她没有 Tyr 的私钥，无法正确签名，所以无法伪造有关 Tyr 的信息。

讲到这里，我们看到传统的数据库和想象中的 Cyberbase 的第一个重要区别：传统数据库不在意数据的正确性和完整性（这个需要应用程序来保证），只要发起更新的客户端是被授权的用户，就直接盲目更新状态，而 Cyberbase 从输入源上就对输入的事件进行验真，只有签名有效的消息才会被有条件更新。

虽然有了这个基础，但并不能保证在 Cyberbase 里的数据是没有被篡改的。即便依照之前 Tyr 提供的信息——Tyr 的年龄被更新成 18 岁，我们也无法保证它不会被篡改为 81 岁。因此，我们需要某种机制来确保任何对 Tyr 年龄的非法更新都会被发现。注意，这里我们并不会确保非法更新不会发生，因为没有绝对安全的系统和环境。我们需要控制的是事情发生之后的影响。

要做到这一点也并不困难。我们可以使用默克尔树（Merkle Tree）[①]对零散的原始数据进行不断地归并和散列加密（Hash）[②]，构建一棵最终聚合到一个根散列（Root Hash）的树。如图 1 所示，在这棵树中，对数据的任何更改都会导致其散列值变化，而散列值的变化又会影响归并之后散列值的变化，这样一路上去，根散列必然变化。这对篡改数据提出了挑战：

[①] 默克尔树：区块链的重要数据结构，其作用是快速归纳和校验区块数据的存在性和完整性。

[②] 散列加密把任意长度的输入通过算法变换成固定长度的输出，该输出就是散列值。这种转换是一种压缩映射，也就是，散列值的空间通常远小于输入的空间，不同的输入可能会有相同的输出，所以不可能从散列值来唯一地确定输入值。简而言之，散列加密就是一种将任意长度的消息压缩到某一固定长度的消息摘要的函数。

在现有的数学模型下，任何算法都无法篡改数据本身而不一层层反映到根散列中。因而，只要每次更新时我们妥善存储根散列，数据的篡改就一定会被发现。就像 Tyr 的各种数据汇总到 Tyr 的脸代表的身份 ID 信息上，你一看这张脸，就能把 81 岁的谎言拆穿。

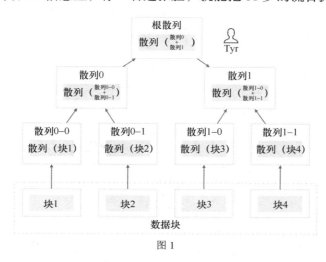

图 1

妥善存储根散列说得容易，但做起来既不简约也不简单。黑客如果把 Tyr 年龄都改成 81 了，自然能够层层修改默克尔树中的散列值，伪造一棵新的树，进而修改我们妥善存储的根散列。如果根散列也被更改了，那么伪造的数据就被 Cyberbase 信任了，这是不能接受的。所以在存储数据的同一个地方存储根散列是个伪命题，是不妥善的。

有人说异地存储不就妥善了吗？不相信自己的服务器，那么把根散列或者 Tyr 的身份信息保存在银行的保险柜里就好了。这样，想要知道 Tyr 的年龄是否被篡改，我们只要去银行打开保险柜一看不就行了？这有两个问题：这样的操作代价不菲，无法控制一个系统数据更新的频次；如何保证这个通信所使用的信道的安全，如何验证信道那边返回的的确是真实的数据，而非赝品？

我们换个角度。既然存储在自己这里不安全，存储在别人那里不可信，那我干脆昭告天下，让每次数据的更改所生成的根散列全网周知？这样，只要黑客没有把所有掌握了这个知识的足够多的人都"洗脑"（超过 1/3），如图 2 所示，他就无法成功篡改数据。

这样就解决了存储根散列而担心数据被篡改却无法发现的问题了。

到此，我们梳理一下到目前为止的 Cyberbase：通过对所发生的事件签名，每个人都独立生成了一条一条和他有关的可验证、可信任的信息，这些信息根据某种规则写入 Cyberbase，成为数据库中的状态（State）。数据库中的状态用默克尔树组织起来，得到一整棵信任树，树根是根散列，通过把根散列在网络中广播出去，我们大大提高了黑客篡改数据的门槛，让数据被篡改的代价大到不可行。

图 2

到目前为止，我们没有依赖任何环境上的安全——无论是物理安全、网络安全还是操作系统安全。我们依赖的是植根于数学的加密算法和预先设置好的规则，端到端保证数据是可信的。

这里还缺一个重要的环节：谁来保证规则的执行是无误的？Cyberbase 可能运行在有问题的磁盘上，导致即便正确执行规则，最终写入磁盘的数据和读出来的数据也并不一致；也有可能黑客修改了描述规则的代码，导致可信的消息被不可信的代码提交到可信的状态库上，最终得出不可信的状态。

我们需要让任何人都可以运行 Cyberbase。网络中任何一个运行 Cyberbase 的节点，都可以不断接收新的消息，按照预定的规则独立执行它。只要大家的初值（Genesis State）相同，收到的消息以及其顺序相同，在相同的规则下就会得到最终相同的状态，也就是相同的根散列。这样，单点的故障或者其规则被篡改并不会影响大局——黑客想成功篡改数据，必须篡改足够多的节点。这个网络越大，节点越分散，攻击的代价就越大。

这便是"去中心化"和"公开可验证"。如果构建一个这样的 Cyberbase，那么我们不需要信任任何人，只需要信任宇宙万事万物运行的基石——数学。基于此，构建了一种美妙的平等：数据面前人人平等。我们对巨头提供的服务和个人提供的服务，在信任这个维度上是一视同仁的。

如果说印刷术和文艺复兴让知识面前人人平等；信息革命和互联网打破了只有少数人（电

视台、出版社、杂志、报纸等媒体）才能创建和分发信息的状况，让信息面前人人平等，那么文中举例说明的 Cyberbase 背后的区块链技术将有机会打破只有少数人（Google、Facebook 等）才能拥有可信数据的状况，让数据面前人人平等。换言之，每个服务个体的竞争优势在于对数据的分析处理、对用户体验的把握、对需求的理解，而非对数据的垄断。

区块链和数据库

我们所熟知的数据库技术可以认为是区块链技术在弱分布式环境下的一个特例。

"弱分布式环境"是本书为说明问题临时虚构的一个词,你可以将其理解为节点数量极其有限、运行环境高度可控的一种分布式环境。一个数据库集群运行在同一数据中心,或者不同数据中心,只要是同一个管理者,就是可控的运行环境。在可控的运行环境下,默认不存在"作恶"的节点,也就无所谓拜占庭容错(Byzantine Fault Tolerance,BFT)[1]。因此我们不需要复杂的共识算法(Onsensus Algorithm),一般两阶段提交(Two Phase Commit)或者 Paxos/Raft[2]就能收敛共识、满足需要。所以,数据库的共识算法是区块链共识算法的特例。

在区块链的世界里,交易和交易产生的状态是严格分离的。若干交易由被共识算法选择出来的矿工验证并打包成区块(Block)广播出去,然后网络里其他参与者验证区块中每个交易的合法性,并写入自己的状态数据库(State DB)。在比特币里,状态数据库是未花费交易输出(Unspent Transaction Output,UTXO);在以太坊里,则是全局状态(World State)。

数据库的世界里仿佛没有类似于区块链的交易记录(数据库中的交易是另一个概念),但仔细想想,它的交易历史其实就是预写式日志(Write-Ahead Logging,WAL)。从外界接收到的请求,数据库会先将其写入 WAL,确保其进入持久化存储之后才会往自己的"状态"里写入。从这个角度出发,我们可以认为 WAL 里的每一个记录就对应区块链里的一个交易,它是区块链交易的特例。

如果再认真思考一下,WAL、区块链,以及马丁·福勒(Martin Fowler)很早就提倡的

---

[1] 拜占庭容错:是由莱斯利·兰波特(Leslie Lamport)在其同名论文中提出的分布式对等网络通信容错问题。含义是在存在消息丢失的不可靠信道上试图通过消息传递的方式达到一致性是不可能的。因此,对一致性的研究一般假设信道是可靠的或不存在本问题。这个问题也被称为"拜占庭将军问题"或"两军问题"。

[2] Paxos/Raft:业内颇受欢迎的分布式系统一致性算法。

命令查询职责分离模式（Command Query Responsibility Segregation，CQRS）在这个层面上其实都是相同的内核：大家都强调"事件"和"状态"的分离，通过前一个状态+当前事件，可以推演出当前状态。这样，我们只要有一个初始的状态，然后记录系统发生过的所有事件，就可以复原任意一个时刻的状态。

回到交易和容纳交易的"区块"会发现，区块是一个有点奇怪的存在，为什么数据库不需要区块这样的概念作为容器装载交易，而区块链却需要呢？在区块链的世界里，不确定性和确定性仿佛一对孪生兄弟，确定的是规则，不确定的是规则的执行者，即所谓的"矿工轮流做，下回到我家"。

如何定义一个"回合"呢？为了回答这个问题，我们需要某种机制来明确一个回合中矿工地位的起止——这个起止就是一个区块。不仅如此，在一个物理时钟并不一致的分布式环境下，区块还承载着全局时钟的功能，像钟表一样嘀嗒嘀嗒将整个网络往前推进。

区块的概念是如此重要，以至于它当仁不让地成为共识算法的基础——我们先得对下一个要提出的区块序号达成共识，否则这个游戏无法进行。反观数据库系统，在一个数据库集群中，主节点（等价于矿工）是固定的，主节点令旗一挥，从节点就迅速跟进，指哪儿打哪儿，不存在轮流"坐庄"，也就无所谓回合，所以其实每个交易就是一个区块。在数据库的世界里，从逻辑上说，每个交易或者 WAL 的每个记录都自成一个隐性的区块。

从另一个角度来探讨这个结论，区块的另一个重要作用是崩溃恢复。在一个区块链网络中，某个节点无论是断网还是崩溃，其状态和网络中达成共识的状态必定不一致。那么，如何从这种不一致的状态恢复到同步的状态呢？答案是区块，因为它是唯一明确的达成共识的产物。节点总是能够找到最近提交的和网络中一致的区块高度，然后从这个高度往后逐个区块同步，依次运行区块中包含的所有交易并更新本地的状态，最终可以保证和网络中的状态达成一致。在这里，区块就是检测和达成状态一致的最小单元。而在数据库系统中，在崩溃发生后，系统会从其他节点同步最新的 WAL，并从上次提交的 WAL 的位置往后逐个记录执行命令，直到所有记录运行完毕，这时数据库状态恢复到集群的当前状态。在这里，WAL 的记录是检测和达成一致的最小单元，我们称其为隐性的区块。

在区块链的世界里，一笔交易需要被验证。这里的验证有两重含义：身份验证，即交易是由其发起人正确签名的；完整性验证，即交易对状态的变更是合法的。身份验证容易理解，比如你用自己钱包的私钥签名给我转一个 ABT 的交易，系统会验证你的确是你；完整性验证则指在状态数据库里，你的账号下的确有超过一个 ABT 的通证，才能发起这个交易。在数据库的世界里，身份验证直接用诸如基于角色的访问控制（Role Based Access Control，RBAC）

的访问控制系统解决，而完整性验证和区块链类似。

看一看确定性（Deterministic）。所谓确定性，就是在同一个状态 S 下，我们拿着同样一笔交易，不依赖任何第三方信息独立执行，执行的结果完全一致。仅就纯粹的从交易到状态数据库的处理来说，区块链和数据库在这一点上是完全一致的，都能保证确定性。然而，如果某个区块链要支持交易中携带额外信息，这些信息触发某些链上部署好的代码的执行——比如智能合约，那么我们就得注意代码本身需要具备确定性。确定性无非是代码中不使用不确定的随机数生成器，比如使用计算机的时钟作为种子生成随机数，这就是不确定的。这是因为交易在被执行的那一刻，我们无法保证所有参与者的时钟都是精确同步的。

- 代码避免使用多线程。多线程引发的竞争具有不确定性。
- 避免使用系统时钟。
- 避免使用未初始化的内存。
- 避免使用浮点数。不同的 CPU 架构、编译器，甚至不同的 CPU 型号间，由于支持的浮点数指令集不同，会导致结果不同。
- 避免使用编程语言的可能有随机行为的数据结构，如遍历一个字典。

避免了这些，代码基本上就具备了确定性，可以在区块链上执行。那么，为什么数据库中的存储过程可以允许没有确定性的代码的执行？例如，一个存储过程里可以使用当前时间插入一条记录？

如果回归本源，从交易的角度看待问题，就可以发现存储过程类似于"链下"执行的代码，它虽然植根于数据库之中，但其实是交易的源头，存储过程的执行产生真正的交易，也就是 WAL 记录，然后同步给其他节点。所以存储过程可以是不确定的，因为其产生的 WAL 记录已经是确定的。这是因为添加一条带当前时间的记录这件事情在主链执行时，已经将取"当前时间"这个动作完成并得到一个确定的值，携带于 WAL 之中。这跟区块链的智能合约的概念有本质的区别，这也是存储过程可以不必具备确定性，而"链上"执行的智能合约需要确定性的原因。从这个角度来讲，数据库系统也是一个弱化的区块链系统。

既然区块链和数据库存储的对象都是数据，那么讨论了数据的完整性和确定性，接下来就是数据的一致性。区块链显然是最终一致性的典范，即网络越大，参与的节点越多，区块的扩散就越慢，任何时刻在不同的节点上读取状态就有很大概率出现不一致的情况。然而，只要节点能同步到最新的区块，整个网络的状态是收敛的，最终我们就能够得到一个一致的状态数据。其实，按照这个道理，所有使用 WAL、CQRS 思想的分布式系统，其数据的状态都是最终一致的——这似乎和我们对经典数据库强一致性的印象不匹配。然而，如果我们把视角拉到数据库内部就可以发现，强一致性只不过是在最终一致性之上添加了一些条件，是一个特例。如果我们假定一个区块链满足下面的条件。

- 任何节点收到新的区块都必须在交易执行完成、写入状态数据库之后，给矿工节点（其实就是当前的主节点）发送确认。
- 矿工节点在收到所有确认之后广播给网络中所有节点这个区块已经提交成功。
- 在一个节点没有收到矿工节点的上述广播之前（写入完成之前），客户端发送的查询进入队列排队（其实就是读写锁）。

那么，在外界看来，它也是强一致性的。当然，第三点有些过于苛刻，一般的数据库实现都会采用多版本并发控制（Multi-Version Concurrency Control，MVCC）让每个客户端看到当前状态的一个快照，因而存在一个很小的窗口，大家看到的数据是不一致的。如果较真，那么 MVCC 也不算强一致性，但没人会这么认为。

通过上面的条件，数据库可以通过牺牲一些性能来打造对外而言的强一致性。但有时候，为了一些目的，数据库也可以打破这些规则来号称具备更高的性能。在集群环境下，MongoDB 写操作不需要节点确认即可返回，于是有了如"薛定谔的猫"[①]一般的"弱一致性"。

一个区块链网络理论上可以通过上述条件把自己营造成对外强一致性的感觉，但这实际上没有可操作性。网络越大，延迟越大。所以，实际可操作的强一致性只能发生在节点数量很少且节点都在同一个数据中心的环境下。从数据一致性的角度来说，数据库也是区块链在特殊场景下的一个特例。

最后说一说性能。性能和网络规模成反比，有两个主要原因：节点越多，达成共识的难度就越大；节点越多，"交易"在网络中传播所需的时间就越长。想要达到极高的每秒交易量（Transactions Per Second，TPS）该怎么办？其实不难。既然数据库是一个弱分布式环境下的特例，那么就把区块链往数据库的方向退化。PoW 说"王侯将相，宁有种乎"，让全网参与"王座"的竞争，PoS 就让"一部分人先富起来"，委托权益证明共识（DPoS）再进一步"让

---

① 薛定谔的猫（Erwin Schrödinger's Cat）：是奥地利物理学家薛定谔（Erwin Schrödinger，1887 年—1961 年）提出的一个思想实验，是指将一只猫关在装有少量镭和氰化物的密闭容器里。镭的衰变存在一定概率，如果镭发生衰变，会触发机关打碎装有氰化物的瓶子，猫就会死；如果镭不发生衰变，猫就存活。根据量子力学理论，由于放射性的镭处于衰变和没有衰变两种状态的叠加状态，猫就理应处于死猫和活猫的叠加状态。这只既死又活的猫就是所谓的"薛定谔的猫"。但是不可能存在既死又活的猫，必须在打开箱子后才知道结果。该实验试图从宏观尺度阐述微观尺度的量子叠加原理，巧妙地把微观物质在观测后是粒子还是波的存在形式和宏观的猫联系起来，以此求证观测介入时量子的存在形式。随着量子物理学的发展，薛定谔的猫还延伸出了平行宇宙等物理问题和哲学争议。

领导先走"。也许不久的将来，有人会憋出终极大招，全网就一个"九五之尊"，把数据库里能用的招数、副本、分片等统统用上，再使用"不战而屈人之兵"之术，"今治水军八十万众，方与将军会猎于吴"……于是，就可以名正言顺地"抢下"性能的桂冠。然而，这还是区块链吗？

数据中的时间旅行

函数式编程语言中有诸多让人赞不绝口的设计思想，不可更改性（Immutability）显然是其中最闪亮的一颗明珠。它让我们可以轻松地使用并发而不必考虑锁，因为没有临界区可言；它让我们不必终日在意指针造成的段错误、坏引用导致的异常。当我们使用一个产品的时候，确定性让我们感到安全和愉悦。比如使用微信，当发送给朋友信息时没有出现红色的惊叹号，就说明发送成功了，这就是确定性。不可更改性给程序员带来的确定性是——我给你一个引用，只要你拿着，任何时候它都能够访问，且保持原来的值。

有没有想过，这么好的东西，为什么前辈程序员们不使用呢？

不可更改性是好，但是"浪费"内存。

当计算机的内存以 kB 为单位时，描述复杂状态的程序都显得"力不从心"，自然只能尽可能地重复利用每一个比特，以期它能发挥最大的作用。

20 世纪 90 年代，虽然内存到了 MB 级别，但 DOS 受限于实模式的寻址能力，还是把内存分成了低于 1MB 和超过 1MB 的扩展内存，所以那时的程序员依旧有"抠内存"的习惯。

2000 年后，内存从亚 GB 级别往 GB 级别过渡，操作系统早已完全采用 32 位保护模式，正往 64 位过渡。大部分开发者渐渐无须考虑内存的天花板，就算一不小心把物理内存用超了，还有临时交换区（Swap）兜底。但是，没有外力作用的时候，会产生路径依赖。

路径依赖让不可更改性的思想大受欢迎，但不可更改性依旧只是用在少数的场合，比如 Git、Docker、React，当然还有区块链。

还有一个原因，即看待世界的方式。我们所在的世界究竟是一个可变系统（Mutable System）还是一个不可变系统（Immutable System）？我们先来研究自己的大脑。大多数人第一反应可能会觉得大脑是个可变系统，然而仔细想想，它是不可变的。我们的记忆就像洋葱圈一样，不断叠加，而不会修改。大脑是个不可变系统，数据一旦产生，大脑只会将其连接起来，并不会修改。我们再看日常发生的各种事件——今天的气温、世界各地的新闻、楼下有人在弹钢琴，所有这一切都是不可变的。气温看上去在变化，但这取决于建模的方式，如果气温不是一个值而是一个以时间为刻度的向量呢？

当我们把世界看成一个个只有最终状态的点的时候，它是不断变化的；然而加上时间的维度，它是不可变的——在一个初值下，发生了一系列不可变的事件（Event），最终导致了当下这个状态。这是我们这个世界运作的方式，然而，在大部分时间里，这不是我们撰写程序的方式——即使我们的程序要么和现实世界打交道，要么在模拟现实世界。

布雷特·维克托（Bret Victor）在他著名的讲座"关于原则的发明"（*Inventing on Principle*）中，展示了改变认识如何让我们拥有一个又一个了悟时刻，如图 1 "游戏中的时间旅行"所示。

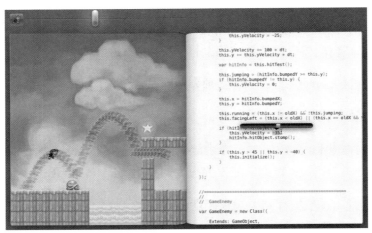

图 1

在程序中进行时间旅行并不是一件新鲜事，我们每天使用的 Git 就可以让我们自由地在历史上发生的任何一个 commit/tag/branch 上切换，如图 2 所示。

而要做到这一切，首先要使用初始状态+事件的方式来描述应用程序里的世界。在 Git 里，一个个提交就是一个个事件。

然后，我们需要用一个合适的数据结构来保存状态。克里斯·冈崎（Chris Okasaki）的《纯函数式数据结构》（*Purely Functional Data Structures*）向我们揭示了可持久化数据结构（Persistent Data Structure）的神奇魔力。Erlang 的提出者罗伯特·韦丁（Robert Verding）据说就是照着这本书的例子写出了 Erlang 的数据结构的支持。

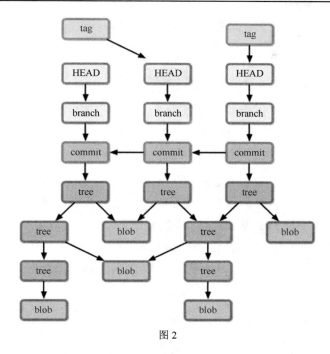

图 2

如图 3 所示，数据保存在叶子节点上，然后以数据的索引为基础构建一棵树。当整个结构的某些数据变更时，只需要产生新的数据，然后生成索引该数据和未改变数据的一棵新的树，从而在空间上避免数据不可更改产生的副本。在函数式编程语言中，旧的树如果没有人用了，就会被回收。但如果我们把每个事件产生出来的新树和旧树连接起来，或者记录下来，就具备了时间旅行的能力。

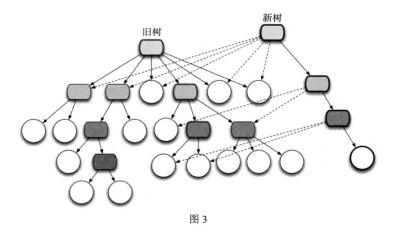

图 3

Git 使用了默克尔树——更准确地说是"默克尔有向无环图"（Merkle DAG）——来存储提交的所有对象。与可持久化数据结构思路类似，数据（提交的对象）在叶子节点上，只不过连接叶子节点的索引是其散列，而非普通的键。Merkle DAG 的使用范围非常广泛，如 Plan 9 OS、BitTorrent、Git、比特币和以太坊等。

我们知道，通过初始的状态不断顺序叠加事件，可以构成任意时刻的状态，这样的设计思路是事件溯源（Event Sourcing）。而使用事件溯源，把当前的状态用 Merkle DAG 管理并保存下来，再使用公钥加密算法使所有的事件和状态都公开可验证，就构成了我们所熟知的以太坊。

在以太坊里，其事件是交易，状态使用前缀默克尔树（Merkle Patricia Tree，MPT）保存。如果把以太坊看成一个自给自足的世界，那么其分叉就是这个世界在平行宇宙中的另一个世界，而人类就像《星际穿越》（*Interstellar*）中的五维人，可以在以太坊世界中进行时间旅行。比如，我要回到 2017 年 1 月 13 日，去探索那个时间点这个世界里所有账户的状态，只需要找到 4904084 这个区块里的 State Root（状态根），然后找到这个散列下面对应的数，从这棵树一路往下挖掘信息就可以了。

那么，如果我们需要以太坊任意一个时刻的状态呢？回答这个问题之前，我们先来回答以太坊世界里的时间究竟是什么？时间是区块的高度。在以太坊内进行时间旅行，就是在获取不同块高下的状态。然而，以太坊的时间对人类来说是晦涩的（1 eth second 约等于 12s）。我们需要先将人类社会的时间映射到以太坊上的块高，然后找到给定的人类时间下最接近的块高，就可以进行以太坊中的任意时间内的时间旅行。

数据对区块链行业发展的重要性

很多人问，区块链初创企业为什么需要大量的数据分析？又有什么数据可以分析呢？本文先介绍目前比特币和以太坊网络数据量的情况和潜在价值，再宏观介绍 ArcBlock 是如何构建自己的数据管道的。

什么是数据

数据就是数值，也是我们通过观察、实验或计算得出的结果。更广义的理解是，数据就是人们在这个世界留下的痕迹，而人们最终可以通过收集和分析这些痕迹，提出之前未曾想到的问题，并找到问题的答案。ArcBlock 使用的数据包括：用户使用产品的情况和反馈、现有的链上数据，以及系统的日志。

我们对数据的使用主要分为 3 个部分。

- 链上数据的分析。
- 对用户和产品的分析。
- 安全监控。

链上数据的分析

区块链技术的一个核心亮点是数据的不可篡改性，也就是说每一笔产生过的交易都有迹可循。区块链就像是一本公开的总账，只要有比特币地址，你就可以查询到这个地址参与过的所有交易。

从 2017 年开始，由于比特币价格（见图 1）直线走高，越来越多的人开始关注并使用它作为交易平台，使比特币上的数据类型和内容都日益丰富。自 2009 年诞生至今已 11 年，比特币链上储存的交易总数已经非常巨大。

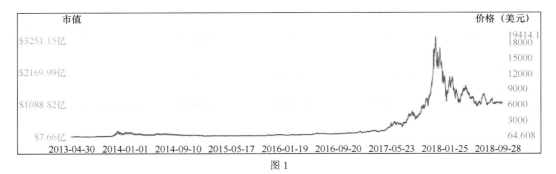

图 1

哪怕是更年轻的、诞生于 2015 年的以太坊（见图 2），其链上也已经有超过 900 万个区块、数亿条交易数据，并且新数据仍在以每 12s 一个区块的速度持续增加。

图 2

这些数据实际上是用户的交易行为，蕴藏着大量有价值的信息。一笔一笔的钱都从哪里来？又去了哪里？资金的流通过程是怎样的？什么样的地址存在异常交易行为？有无数的信息等待我们挖掘。

为什么这些公开的数据在市场上没有足够多的数据分析报告呢？一是由于区块链去中心化的特点，其背后没有专门的产品经理和团队做专门的用户画像和产品分析；二是因为区块链的结构和算法有一定的门槛，需要一定的研究才能把数据解析出来。

为了更好地进行数据分析，如图 3 所示，我们把比特币和以太坊的数据解析出来，并通过索引器保持数据的实时更新。我们把解析好的数据以 parquet 的格式存储在 Amazon AWS S3 上面备份，同时把数据打入数据管道，用 Spark 进行数据的清理和聚合，然后将整理好的数据放进 Redshift，处理之后用可视化图表（见图 4）展示出来。

目前我们使用 Superset 对以太坊做了日活跃用户和月活跃用户的分析，之后还会陆续加入更多的链上数据分析报告，如用户留存率、用户流失率、冷钱包数量等。

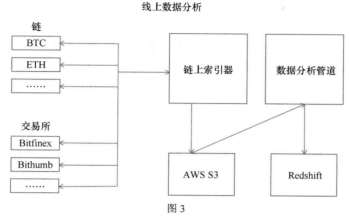

图 3

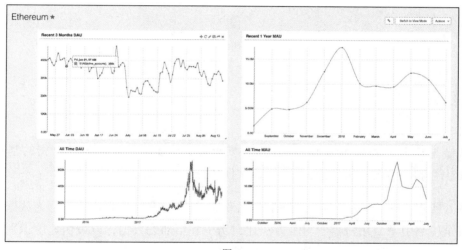

图 4

对用户和产品的分析

更好的服务的核心是更优化的产品，更优化的产品又离不开对用户的了解。在打造一个产品的过程中，充满着大大小小的决定：大到应该优先开发哪一个功能，产品的定位应该往什么方向发展；小到应该优先修复服务中的哪一个问题，网站页面如何布局才能更好地提升用户体验。只有对用户需求有更准确的了解，我们才能做出正确的决定。并且，所有做出的决定都应该是一个可追溯的过程，而数据的支持是一切答案的信心和基础——数据是用户真实行为和选择的反映。

出于对数据的重视，从一开始我们就注重打造一条与产品线齐头并进的数据管道。这条管道可以让我们实时获取产品被使用的状况，保存好每个时间段的数据。如图 5 所示，我们的 API 会把产品的使用数据实时打进 AWS Kinesis，然后用 AWS S3 做好这部分原始数据的备份；另一边用 Spark 进行原始数据的处理和聚合，并且把处理好的数据导到 Redshift 上，用来进行之后的数据分析以及可视化。随着之后产品的不断升级和新功能的增加，我们的数据管道也会不断优化。

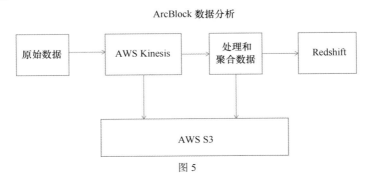

图 5

安全监控

区块链是建设价值互联网的基础设施，安全性尤为重要。除了设计严密的基础架构，ArcBlock 也会利用数据分析提前识别出恶意用户的行为，防患于未然。

如图 6 所示，我们会将所有的系统日志备份在 S3 上，和处理好的用户行为数据一起通过专门的安全检测引擎，用机器学习等方法比对历史和当前的数据，以最快速度识别出异常的用户行为。并通过系统的自动处理，防止恶意的攻击行为给用户带来损失。

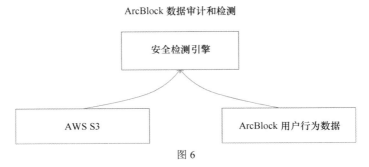

图 6

关于区块链的过去和未来，无论是已提出还是未提出的问题，其答案都在数据里，等着我们找到一个最合适的算法让它们浮出水面。

星系③：区块链发展历程

区块链 1.0：比特币数据解析

区块链 2.0：以太坊虚拟机如何编译和部署智能合约

量子计算对区块链的威胁

区块链 1.0：比特币数据解析

为什么要解析比特币数据

ArcBlock 的开放链访问协议提供了针对比特币数据的查询服务。用户不但可以快速地通过散列取得某区块或者交易的信息，还可以进行复杂的级联查询，比如查询特定的两个地址之间的交易。下面的这个查询就可以返回著名的比萨交易[①]的详情。

```
{
    transactionsByAddress(sender: "17SkEw2md5avVNyYgj6RiXuQKNwkXaxFyQ", receiver: "13TETb2W
Mr58mexBaNq1jmXV1J7Abk2tE2") {
        data {
            blockHeight
            hash
            total
            numberInputs
            numberOutputs
        }
    }
}
```

原生的比特币 API 并不支持这样的数据查询，要想让 OCAP 具备这样的查询功能，我们就必须预处理比特币上的数据，让它们以我们想要的方式存储。这也就引出了本节的主题：如何解析比特币数据？

[①] 2010 年 5 月 22 日，名为拉斯洛·豪涅茨（Laszlo Hanyecz）的程序员用 1 万比特币购买了价值 25 美元（约 170 元人民币）的两份比萨。

概述

众所周知，互联网上的数据纷繁复杂，而搜索引擎却能在海量数据中迅速地查找出用户想要的结果。其之所以能够做到这一点，是因为搜索引擎的后面还有两个默默付出的组件：爬虫和倒排索引。爬虫负责不停地从互联网上搜集数据；倒排索引负责将数据以特定的形式存储，以便搜索引擎能够快速地查询。

同样，OCAP 所支持的区块链查询就相当于提供针对区块链的"搜索引擎"服务，其也少不了类似的预处理过程。不同于搜索引擎，区块链查询不需要爬虫，因为比特币的数据都是以二进制的形式存储在节点的磁盘上的。但是因为数据是以一种对人不太友好的方式组织在一起的，所以需要一个解析器将这些二进制数据读出来，还原成它们本来的面目。之后再对这些数据进行一些加工，就得到了 OCAP 所需要的数据。

技术细节

在此主要讨论比特币的数据具体是怎么存储的，以及在得到这些数据之后还需要做哪些额外的计算。

存储数据的文件

比特币的原始数据可以在 $HOME/.bitcoin/blocks 目录下找到。这个目录下主要有两种文件：一种是以字母 blk 开头的文件，比如 blk00952.dat；而另一种是以字母 rev 开头的文件，比如 rev000952.dat。前一种文件就是存储比特币的源数据文件，而后一种文件是用来处理区块链链分叉的。本节的重点在源数据文件。每一个数据文件的上限都是 128MB，在一个文件写满后，比特币程序会新建一个类似的文件来存储新收到的区块信息。

让我们先通过如下命令，来看一看这些文件中都存储了什么。

```
od -x --endian=big -N 297 -An blk00000.dat

 f9be b4d9 1d01 0000 0100 0000 0000 0000
 0000 0000 0000 0000 0000 0000 0000 0000
 0000 0000 0000 0000 0000 0000 3ba3 edfd
 7a7b 12b2 7ac7 2c3e 6776 8f61 7fc8 1bc3
```

```
888a 5132 3a9f b8aa 4b1e 5e4a 29ab 5f49
ffff 001d 1dac 2b7c 0101 0000 0001 0000
0000 0000 0000 0000 0000 0000 0000 0000
0000 0000 0000 0000 0000 0000 0000 ffff
ffff 4d04 ffff 001d 0104 4554 6865 2054
696d 6573 2030 332f 4a61 6e2f 3230 3039
2043 6861 6e63 656c 6c6f 7220 6f6e 2062
7269 6e6b 206f 6620 7365 636f 6e64 2062
6169 6c6f 7574 2066 6f72 2062 616e 6b73
ffff ffff 0100 f205 2a01 0000 0043 4104
678a fdb0 fe55 4827 1967 f1a6 7130 b710
5cd6 a828 e039 09a6 7962 e0ea 1f61 deb6
49f6 bc3f 4cef 38c4 f355 04e5 1ec1 12de
5c38 4df7 ba0b 8d57 8a4c 702b 6bf1 1d5f
ac00 0000 00f9 beb4 d900
```

上面的文件就是比特币的创世区块。它是二进制数据（以十六进制表示），每两个字符表示一个字节。乍一看感觉乱七八糟看不懂，但是在了解其数据格式之后，一切就不是那么难了。

数据的存储结构

比特币官网上有关于数据格式的具体讲解，但是其文档的组织结构并不容易让人阅读和理解，所以本书总结了一个更直观的图表，如表 1 所示。

表 1

报头	魔数		一个 4 字节的固定值
	区块大小		4 字节
区块	区块头 （此部分数据用来计算区块散列）	版本	4 字节
		前一区块散列	32 字节
		默克尔树根节点散列	32 字节
		时间	4 字节
		区块难度	4 字节
		随机数	4 字节
	交易数量		可变长整数
	交易（此部分数据用来计算交易散列）	版本	4 字节
		交易输入的数量	可变长整数
		交易输入	前置交易散列	32 字节

续表

区块	交易（此部分数据用来计算交易散列）	交易输入	前置交易输出索引	4字节，有符号整数
			脚本长度	可变长整数
			脚本	此项的大小由"脚本长度"字段指定
			序列号	4字节
		更多交易输入……		
		交易输出的数量		可变长整数
		交易输出	交易输出面额	8字节
			脚本长度	可变长整数
			脚本	此项的大小由"脚本长度"字段指定
		更多交易输出……		
		锁定时间		4字节
	更多交易……			

表1的说明如下。

- 表1代表一个区块文件，而一个源数据文件由若干个这样的区块文件组成。
- 在表1中，黑体（字）代表复合数据类型，其余为简单数据类型和注解。从此表可见，一个区块文件由报头（Preamble）和区块（Block）组成。一个区块由一个区块头（Block Header）、交易数量（Number of Transactions）和若干个交易组成。每个交易又由几个简单数据类型和若干个交易输入（Transaction Input）、交易输出（Transaction Ouput）组成，依此类推。
- 几乎所有数据都是以小端类型（Little-Endian）存储的，但是交易输入、交易输出里的脚本（Script）字段是以大端类型（Big-Endian）存储的。
- 魔数（Magic Number）是一个固定的数，其值为0xD9B4BEF9，每一个报头的前4字节都是这个数。
- 可变长整数（Variable Integer）是编码长度不固定的整数。不同于我们平时接触的4字节固定长整数，可变长整数的大小为1字节~9字节，具体的解析规则如下。
- 如果第一个字节小于253，那么该字节直接作为返回值。
- 如果第一个字节等于253，那么往后再读1字节，将其值作为返回值。
- 如果第一个字节等于254，那么往后再读4字节，将其值作为返回值。
- 如果第一个字节等于255，那么往后再读8字节，将其值作为返回值。

如果把之前的数据按照上述规则代入的话，可以得到表2。

表 2

报头	魔数			0XD9B4BEF9
	区块大小			1d01 0000
区块	区块头 （此部分数据用来计算区块散列）	版本		0100 0000
		前一区块散列		0000 0000 0000 0000 0000 0000 0000 0000 0000 0000 0000 0000 0000 0000 0000 0000
		默克尔树根节点散列		3ba3 edfd 7a7b 12b2 7ac7 2c3e 6776 8f61 7fc8 1bc3 888a 5132 3a9f b8aa 4b1e 5e4a
		时间		29ab 5f49
		区块难度		ffff 001d
		随机数		1dac 2b7c
	交易数量			01
	交易（此部分数据用来计算交易散列）	版本		01 0000 00
		交易输入的数量		01
		交易输入	前置交易散列	0000 0000 0000 0000 0000 0000 0000 0000 0000 0000 0000 0000 0000 0000 0000 0000
			前置交易输出索引	ffff ffff
			脚本长度	4d
			脚本	04 ffff 001d 0104 4554 6865 2054 696d 6573 2030 332f 4a61 6e2f 3230 3039 2043 6861 6e63 656c 6c6f 7220 6f6e 2062 7269 6e6b 206f 6620 7365 636f 6e64 2062 6169 6c6f 7574 2066 6f72 2062 616e 6b73
			序列号	ffff ffff
		交易输出的数量		01
		交易输出	交易输出面额	00 f205 2a01 0000 00
			脚本长度	43
			脚本	4104 678a fdb0 fe55 4827 1967 f1a6 7130 b710 5cd6 a828 e039 09a6 7962 e0ea 1f61 deb6 49f6 bc3f 4cef 38c4 f355 04e5 1ec1 12de 5c38 4df7 ba0b 8d57 8a4c 702b 6bf1 1d5f ac
		锁定时间		

现在是不是清楚多了？注意，这里并没有把数据转换成大端类型，读者可自行转换。

计算额外字段

从上面的内容中我们不难看出,一些耳熟能详的重要字段并没有包含在源数据文件中,比如区块散列(Block Hash)、交易散列、区块高度(Block Height)以及账户地址(Address)等。这些数据可以由计算得出,在源数据文件中省略这些数据可以提高比特币对磁盘的利用率。

计算区块散列和交易散列

区块和交易的散列值都是由相同的算法得出的,不同点只在于参与计算的数据不同。对于区块散列而言,我们的输入数据只是 80 字节的区块头,而要计算交易散列,我们则需要输入整个交易部分的数据。

散列值的计算过程并不复杂,只需要对输入数据进行两次 SHA-256 运算即可,其形式如下。

```
hash = sha256(sha256(data))
```

我们分别将区块头和整个交易数据代入上式便能得到相应的散列值。

计算区块高度

每个比特币的源数据文件中都存放了许多个区块。把这些区块都解析出来后,会发现它们并不是完全有序的。换句话说,你有可能先读出第 178 个区块,然后才读出第 177 个区块,又或许你从一个源数据文件中读到了第 253 个区块,却无法从这个文件中读到第 252 个区块,你甚至都不知道在下一个数据文件中能否读到第 252 个区块。至于为什么会这样,大家可以想一想以前用 BitTorrent 下载数据的时候,那个进度条长什么样。

想要得到正确的区块高度,我们就必须对读出来的区块进行排序。了解区块链的读者应该知道,区块链的数据结构是一个倒过来的单链表。我们可以通过在上一步中计算得到的当前区块散列和区块头里包含的前一区块散列(Previous Block Hash)字段,把这些区块重新串联起来。其中,创世区块里的前一区块散列固定为全 0。

计算账户地址

在本节最开始，我们提到了在 OCAP 中用户可以通过账户地址来进行级联查询。想要支持这种查询，我们就必须先求出每笔交易的发款人和收款人地址。这两个数据分别蕴含在交易输入和交易输出的脚本字段中。求出地址的方法大致分为两步。

- 对于一个交易输出而言，首先找出其中包含的公钥（Public Key）或公钥散列（Public Key Hash），再根据一定的算法计算出地址。
- 对于一个交易输入而言，我们只需要找到其对应的前置交易输出（Previous Transaction Output），再把其中的地址作为它的地址即可。

限于篇幅，就不在此详细介绍如何计算账户地址了。

结语

经过上述内容，我们就了解了 OCAP 数据预处理的第一步：解析数据。之后我们还需要重新演绎比特币的历史来获取整个未花费交易输出池（UTXO Pool）以及对每个地址做一些统计，如它们进行的所有交易数量和它们的余额等。

区块链 2.0：以太坊虚拟机如何编译和部署智能合约

导读

以太坊虚拟机（Ethereum Virtual Machine）是以太坊的基础，它负责执行所有的交易，并且根据这些交易来维护整个以太坊的账户状态，或者更准确地称之为全局状态。在以太坊中，交易被分为很多种，有简单的以太币（Ether）交易，有部署或者调用智能合约（Smart Contract）的交易。智能合约是一串由虚拟机执行的代码，用于完成复杂的业务逻辑。Solidity 是编写智能合约的高级语言。由 Solidity 编写的智能合约会先被编译成可被虚拟机直接接受的字节码，然后被用户以交易的方式发送给以太坊从而进行智能合约部署。在这之后，用户便可以调用智能合约的函数来完成业务逻辑。

那么在整个流程中，Solidity 代码是如何被编译成字节码的？字节码在虚拟机中又是如何运行的？编译字节码的时候，虚拟机如何对其进行优化？本节将详细剖析这些问题。

从一个例子开始

让我们从一个简单的智能合约例子开始。

```
pragma solidity ^0.4.11;

contract C {
```

```
    uint256 a;
    function C() {
      a = 1;
    }
}
```

这段代码类似于 Java，为了简单起见，在这里就借用一下 Java 的术语。这段智能合约代码有一个成员变量 a，其类型是一个 256 位的无符号整型数。另外，它还有一个构造函数，在其中我们将成员变量 a 赋值为 1。下面让我们来编译这段代码，我们有两个工具可以用来编译代码。

- solc --bin --asm file_name.sol。
- Remix。

第一个是命令行工具，大家需要先自行安装。第二个是强大的网页版集成开发环境（IDE），它可以帮助用户快速地编译、部署，以及调试智能合约。编译后的代码我们称之为字节码（Bytecode），如下所示。

```
60606040523415600e57600080fd5b60016000819055506035806023600039600f3006060604052600080fd0
0a165627a7a72305820d315875f56b532ab371cf9aa86a62850e13eb6ab194847011dcd641b9a9d2f8d0029
```

在这段字节码中，每个字符代表一个十六进制数，每两个字符代表一个字节。这段字节码就是直接运行在虚拟机上的代码，虚拟机只需要按照事先定义好的规则，解释并且执行每个字节即可。但是对人类来说，直接阅读这些字节码太过烦琐，我们可以将其转换成对人类更友好的形式，即操作码（OpCode），如下所示。

```
    PUSH1 0x60 PUSH1 0x40 MSTORE CALLVALUE ISZERO PUSH1 0xE JUMPI PUSH1 0x0 DUP1 REVERT JUMPD
EST PUSH1 0x1 PUSH1 0x0 DUP2 SWAP1 SSTORE POP PUSH1 0x35 DUP1 PUSH1 0x23 PUSH1 0x0 CODECOPY
PUSH1 0x0 RETURN STOP PUSH1 0x60 PUSH1 0x40 MSTORE PUSH1 0x0 DUP1 REVERT STOP LOG1 PUSH6 0x62
7A7A723058 KECCAK256 0xd3 ISZERO DUP8 0x5f JUMP 0xb5 ORIGIN 0xab CALLDATACOPY SHR 0xf9 0xaa
DUP7 0xa6 0x28 POP 0xe1 RETURNDATACOPY 0xb6 0xab NOT 0x48 0x47 ADD SAR 0xcd PUSH5 0x1B9A9D2F8
D STOP 0x29
```

上面的字节码和操作码是等价的，它们都可以被分为 3 个部分。

- 部署智能合约的字节码和操作码。

```
60606040523415600e57600080fd5b60016000819055506035806023600039600f300

    PUSH1 0x60 PUSH1 0x40 MSTORE CALLVALUE ISZERO PUSH1 0xE JUMPI PUSH1 0x0 DUP1 REVERT JUMPD
EST PUSH1 0x1 PUSH1 0x0 DUP2 SWAP1 SSTORE POP PUSH1 0x35 DUP1 PUSH1 0x23 PUSH1 0x0 CODECOPY P
USH1 0x0 RETURN STOP
```

- 智能合约本身的字节码和操作码。

```
6060604052600080fd00
```

PUSH1 0x60 PUSH1 0x40 MSTORE PUSH1 0x0 DUP1 REVERT STOP

- Auxdata。

```
a165627a7a72305820d315875f56b532ab371cf9aa86a62850e13eb6ab194847011dcd641b9a9d2f8d0029
```

LOG1 PUSH6 0x627A7A723058 KECCAK256 0xd3 ISZERO DUP8 0x5f JUMP 0xb5 ORIGIN 0xab CALLDATAC OPY SHR 0xf9 0xaa DUP7 0xa6 0x28 POP 0xe1 RETURNDATACOPY 0xb6 0xab NOT 0x48 0x47 ADD SAR 0xcd PUSH5 0x1B9A9D2F8D STOP 0x29

下面逐步讲解每个部分，看一看它们都是怎么工作的。

1. 部署智能合约的字节码和操作码

第一部分字节码只会在部署智能合约的时候执行一次，当这段字节码执行完之后，就完成了对智能合约的部署。下面来重点讨论这部分字节码和操作码，可以将其划分为 3 个部分。

- 可支付（Payable）检查。

```
60606040523415600e57600080fd
```

PUSH1 0x60 PUSH1 0x40 MSTORE CALLVALUE ISZERO PUSH1 0xE JUMPI PUSH1 0x0 DUP1 REVERT

- 执行构造函数。

```
5b6001600081905550
```

JUMPDEST PUSH1 0x1 PUSH1 0x0 DUP2 SWAP1 SSTORE POP

- 复制，并将其返回给内存。

```
60358060236000396000f300
```

PUSH1 0x35 DUP1 PUSH1 0x23 PUSH1 0x0 CODECOPY PUSH1 0x0 RETURN STOP

（1）可支付检查

Payable 是 Solidity 的一个关键字。如果一个函数被其标记，那么用户在调用该函数的同时还可以发送以太币到该智能合约。而这部分字节码的意义就在于阻止用户在调用没有被 Payable 关键字标记的函数时，向该智能合约发送以太币。

如图 1 所示，是对这段字节码和操作码的进一步解释。左边两列分别是字节码和操作码，最右边一列是执行完该条语句之后栈（Stack）的状态。图中前 3 句是将内存中从 0x40 开始往后 32 字节的地址赋上 0x60 这个值，这是虚拟机保留的内存地址。后面的几句是通过查看发送的以太币是否为 0 来做 Payable 检查。如果是 0，则虚拟机程序计数器（PC）跳转到 0xe 的位置继续执行；如果不是 0，则终止程序。

```
60 60    PUSH1 0x60    // pushes 60 onto stack                                          stack: [0x60]
60 40    PUSH1 0x40    // pushes 40 onto stack                                          stack: [0x40 0x60]
52       MSTORE        // sets [0x40, 0x60] in memory as padBigEndian(0x60, 32)         stack: []
                       // reserve for EVM internal use

34       CALLVALUE     // push the *value* field of the Transaction object onto stack.  stack: [VALUE]
15       ISZERO        // check if the first value in stack is zero                     stack: [ISZERO]
60 0e    PUSH1 0xe     // pushes 0xe onto stack                                         stack: [0xe ISZERO]
57       JUMPI         // pops two items from stack and interpret them as following:
                       // 1st: position,  2nd: condition
                       // if condition != 0, PC jump to *position*, else PC++           stack: []
60 00    PUSH1 0x0     // pushes 0 onto stack                                           stack: [0x0]
80       DUP1          // duplicate the first item on the stack                         stack: [0x0 0x0]
fd       REVERT        // Stop execution and revert state changes.
                       // Returns memory[0x0, 0x0 + 0x0]                                stack: []
                       // Non-payable constructor. Revert if caller sent ether.
```

图 1

在这里需要说明一下，stack 中的每一个元素都是 32 字节的长度。在这里为了方便，省略了高位的 0。

（2）执行构造函数

部署智能合约的字节码和操作码的第二部分是用来执行合约的构造函数的。如图 2 所示，在执行完这段代码之后，堆（Heap）中 0x0 的地址就被赋上了值 0x1。0x0 即是虚拟机为变量 a 在全局状态里分配的地址。

```
5b       JUMPDEST      // Jump destination, corresponds to 0xe
60 01    PUSH 0x1      // pushes 1 onto stack                                           stack: [0x1]
60 00    PUSH 0x0      // pushes 0 onto stack                                           stack: [0x0 0x1]
81       DUP2          // duplicate the second item on the stack                        stack: [0x1 0x0 0x1]
90       SWAP1         // swap the top two items                                        stack: [0x0 0x1 0x1]
55       SSTORE        // Store the value denoted by the second item to the position specified by the first item.
                       //                                                               stack: [0x1]
                       //                                                               heap:  {0x0 => 0x1}
50       POP           // pop (throw away the top item)                                 stack: []
                       //                                                               heap:  {0x0 => 0x1}
```

图 2

在以太坊中，全局状态是一个键值对集合。每一个键都对应一个 32 字节的数据块。在图 2 所示的情况中，0x0 这个键所对应的数据块中存储了 0x1 这个数（32 字节，高位补 0）。

在图 2 中，JUMPDEST 对应 0xe，它代表如果通过上面的 Payable 检查，则应该跳转到这里继续执行字节码。SSTORE 是用来将栈上的值存储到全局状态上的。图 2 用了堆来代表全局状态，这是因为它们有很多相似之处。在 Java 中，栈是用来存储函数运行时的临时变量的，而堆用来存储生命周期更长的变量，比如成员变量。栈上的数据会随着方法的执行完毕而被实时清空,而堆上的数据会在整个类实例的生命周期中始终有效。Java 虚拟机不会将堆中的成员变量清空,除非该类的实例被回收。而一个部署到以太坊上的智能合约可以被认为是永远存在的合约实例。因此用来存放智能合约数据的全局状态就可以被看作以太坊的堆。从这个角度可以发现以太坊的一个本质:以太坊是一个计算机网络,它将整个网络里的所有计算机连接起来形成单一计算机。在这个计算机中,以太坊使用数据结构来模拟内存的工作机制,从而实现图灵完备的编程语言。

(3)复制并将其返回给内存

部署智能合约的字节码和操作码的第三部分是将剩余的字节码,即智能合约本身的字节码和 Auxdata 从交易中复制到内存并返回。

从图 3 可知,我们将 0x23~0x58 的字节码(总共 0x35 个字节码)复制到了内存中 0x0~0x35 的地址上。

```
60 35    PUSH1 0x35    // pushes 35 onto stack                                    stack: [0x35]
80       DUP1          // duplicate the first item on the stack                   stack: [0x35 0x35]
60 23    PUSH1 0x23    // pushes 23 onto stack                                    stack: [0x23 0x35 0x35]
60 00    PUSH1 0x0     // pushes 0 onto stack                                     stack: [0x0 0x23 0x35 0x35]
39       CODECOPY      // pops three items from stack and interpret them as following:
                       // 1st item: memOffset, in this example, 0x0
                       // 2nd item: codeOffset, in this example, 0x23, corresponds to the starting point of contract code
                       // 3rd item: length, in this example, 0x35
                       // copies the *length* bytes code from *codeOffset* to *memOffset*   stack: []
60 00    PUSH1 0x0     // pushes 0 onto stack                                     stack: [0x0 0x35]
f3       RETURN        // return memory[0x0, 0x0 + 0x35]                          stack: []
00       STOP          // stops the execution
```

图 3

2. 智能合约本身的字节码和操作码

整个字节码的第二部分是智能合约本身的字节码和操作码,它们会在智能合约的函数被调用的时候执行。因为在我们当前的例子中,智能合约只有一个构造函数,而没有其他方法,所以如图 4 所示的字节码并没有做什么有实际意义的操作。

```
60 60    PUSH1 0x60    // pushes 60 onto stack                                    stack: [0x60]
60 40    PUSH1 0x40    // pushes 40 onto stack                                    stack: [0x40 0x60]
52       MSTORE        // sets [0x40, 0x60] in memory as padBigEndian(0x60, 32)   stack: []
                       // reserve for EVM internal use

60 00    PUSH1 0x0     // pushes 0 onto stack                                     stack: [0x0]
80       DUP1          // duplicate the first item on the stack                   stack: [0x0 0x0]
fd       REVERT        // Stop execution and revert state changes.
                       // Returns memory[0x0, 0x0 + 0x0]                          stack: []
00       STOP          // stops the execution
                       // Non-payable function. Revert if caller sent ether.
```

图 4

3. Auxdata

第三部分 Auxdata 有一个固定模板。

```
60358060236000396000f300

PUSH1 0x35 DUP1 PUSH1 0x23 PUSH1 0x0 CODECOPY PUSH1 0x0 RETURN STOP
```

我们将 Auxdata 的字节码 a165627a7a72305820d315875f56b532ab371cf9aa86a62850e13eb6ab194847011dcd641b9a9d2f8d0029 代入该模板中，可以得到 Swarm Hash 为 d315875f56b532ab371 cf9aa86a62850e13eb6ab194847011dcd641b9a9d2f8d。这个 Swarm Hash 可以用来校验智能合约，也可以用来获取智能合约的元数据。

创建合约的合约

通过上面的讲解，我们已经了解了部署智能合约的整个流程。在这个流程中，字节码以交易的方式发送给以太坊从而完成对智能合约的部署。不过智能合约不仅能被手动创建，也可以被其他已有的智能合约创建，如下例所示。

```
pragma solidity ^0.4.11;

contract Foo {
}

contract FooFactory {
  address fooInstance;
  function makeNewFoo() {
    fooInstance = new Foo();
  }
}
```

在以上代码中我们可以看到两个合约：一个是 Foo，另一个是用来创建 Foo 的 FooFactory。把上面的代码编译之后，会得到如下的字节码。

```
FooFactoryDeployCode
FooFactoryContractCode
  FooDeployCode
  FooContractCode
  FooAUXData
FooFactoryAUXData
```

不难看出，整个字节码分两层，每一层又和之前描述的一样，分为 3 个部分。最外层的字节码用来部署 FooFactory，它的合约代码（Contract Code）部分是用来创建合约 Foo 的，所以在这一部分中又嵌套了一套完整的用来部署合约的字节码。

增加一个成员变量

在第一个例子中,我们在整个合约里面只创建了一个成员变量。现在让我们把合约变得复杂一点,再增加一个成员变量,看一看相应的字节码有什么变化。

```
pragma solidity ^0.4.11;

contract C {
    uint256 a;
    uint256 b;
    function C() {
        a = 1;
        b = 2;
    }
}
```

在省略掉其余部分之后,运行构造函数的部分如下所示。

```
5b         JUMPDEST
60 01      PUSH1 0x1
60 00      PUSH1 0x0
81         DUP2
90         SWAP1
55         SSTORE            // heap {0x0 => 0x1}
50         POP
60 02      PUSH1 0x2
60 01      PUSH1 0x1
81         DUP2
90         SWAP1
55         SSTORE            // heap {0x0 => 0x1} {0x1 => 0x2}
50         POP
```

很容易看出,虚拟机依次为变量 *a* 和 *b* 在全局状态中分配了两个地址 0x0 和 0x1,并且赋上了相应的值 1 和 2。事实上,如果有更多的成员变量,则虚拟机会依次为它们分配存储地址。在这里我们分配的存储地址对应于该 RPC 里的第二个参数。

从 256 位到 128 位

上例中我们声明了两个 256 位(32 字节)的无符号整型数。在实际运用中我们可能根本不需要那么多的空间，比如在其他语言中常用的整型数只有 4 字节。现在让我们来做一点优化，把这两个 32 字节的整型数变成两个 16 字节的整型数，看一看会发生什么变化。

```
pragma solidity ^0.4.11;

contract C {
    uint128 a;
    uint128 b;
    function C() {
        a = 1;
        b = 2;
    }
}
```

同样，将其余部分省略，运行构造函数的部分如下所示。

```
/*********************    a = 1    *****************************/
60 01                            PUSH1 0x1              stack: [0x1]
60 00                            PUSH1 0x0              stack: [0x0 0x1]
80                               DUP1                   stack: [0x0 0x0 0x1]
61 0100                          PUSH2 0x100            stack: [0x100 0x0    0x0 0x1]
0a                               EXP(base, exponent)    stack: [0x01 0x0 0x1]
81                               DUP2                   stack: [0x0 0x1 0x0 0x1]
54                               SLOAD(location)        stack: [0x0 0x1 0x0 0x1]
81                               DUP2                   stack: [0x1 0x0 0x1 0x0 0x1]
6f ffffffffffffffffffffffffffffffff   PUSH16            stack: [0xffffffffffffffffffffffffffffffff 0x1 0x0 0x1 0x0 0x1]
02                               MUL(x, y)              stack: [0xffffffffffffffffffffffffffffffff 0x0 0x1 0x0 0x1]
19                               NOT                    stack: [0xffffffffffffffffffffffffffffffff00000000000000000000000000000000 0x0 0x1 0x0 0x1]
16                               AND(x, y)              stack: [0x0 0x1 0x0 0x1]
90                               SWAP1                  stack: [0x1 0x0 0x0 0x1]
83                               DUP4                   stack: [0x1 0x1 0x0 0x0 0x1]
6f ffffffffffffffffffffffffffffffff   PUSH16            stack: [0xffffffffffffffffffffffffffffffff 0x1 0x1 0x0 0x0 0x1]
16                               AND                    stack: [0x1 0x1 0x0 0x0 0x1]
02                               MUL                    stack: [0x1 0x0 0x0 0x1]
17                               OR                     stack: [0x1 0x0 0x1]
90                               SWAP1                  stack: [0x0 0x1 0x1]
55                               SSTORE(pos, val)       stack: [0x1]
                                                        heap:  {0x0 => 0x1}
50                               POP                    stack: []

/*********************    b = 2    *****************************/
60 02                            PUSH1 0x2              stack: [0x2]
60 00                            PUSH1 0x0              stack: [0x0 0x2]
60 10                            PUSH1 0x10             stack: [0x10 0x0 0x2]
61 0100                          PUSH2 0x100            stack: [0x100 0x10 0x0 0x2]
0a                               EXP                    stack: [0x10000000000000000000000000000000000 0x0 0x2]
```

```
    81                          DUP2            stack: [0x0 0x10000000000000000
0000000000000000 0x0 0x2]
    54                          SLOAD(location) stack: [0x1 0x10000000000000000
0000000000000000 0x0 0x2]
    81                          DUP2            stack: [0x10000000000000000
000000000000 0x1 0x100000000000000000000000000000000 0x0 0x2]
    6f ffffffffffffffffffffffffffffffff PUSH16  stack: [0xffffffffffffffffffffff
ffffffffffff 0x100000000000000000000000000000000 0x1 0x100000000000000000000000000000000 0x0 0
x2]
    02                          MUL             stack: [0xffffffffffffffffffffff
ffffffffffff00000000000000000000000000000000 0x1 0x100000000000000000000000000000000 0x0 0x2]
    19                          NOT             stack: [0x00000000000000000000
0000000000000000ffffffffffffffffffffffffffffffff 0x1 0x100000000000000000000000000000000 0x0 0x2]
    16                          AND             stack: [0x1 0x10000000000000000
0000000000000000 0x0 0x2]
    90                          SWAP1           stack: [0x10000000000000000
000000000000 0x1 0x0 0x2]
    83                          DUP4            stack: [0x2 0x10000000000000000
0000000000000000 0x1 0x0 0x2]
    6f ffffffffffffffffffffffffffffffff PUSH16  stack: [0xffffffffffffffffffffff
ffffffffffff 0x2 0x100000000000000000000000000000000 0x1 0x0 0x2]
    16                          AND             stack: [0x2 0x10000000000000000
0000000000000000 0x1 0x0 0x2]
    02                          MUL             stack: [0x20000000000000000
000000000000 0x1 0x0 0x2]
    17                          OR              stack: [0x20000000000000000
000000000001 0x0 0x2]
    90                          SWAP1           stack: [0x0 0x20000000000000000
0000000000001 0x2]
    55                          SSTORE          stack: [0x2]
                                                heap: {0x0 => 0x20000000000000000
00000000000000001}
    50                          POP             stack: []
```

总体来讲，上面的字节码和操作码分为两个部分：第一部分对应 $a = 1$，它表示在地址 0x0 的低 16 字节里存入 0x1；第二部分对应 $b = 2$，它表示在 0x0 的高 16 字节里存入 0x2。所以在运行完上面的字节码之后，我们只使用了全局状态中的一个键，即 0x0，完成了对两个变量的保存。更形象的方式表示如下。

```
[          b          ][          a          ]
[16 bytes / 128 bits][16 bytes / 128 bits]
```

打包存储

那么问题来了，为什么虚拟机要做这个优化？以上两个例子的 Solidity 代码几乎一样，我们只是改变了变量的类型而已，然而虚拟机为第二个例子编译出的字节码比第一个例子的字节码长了不止一倍。要知道，这些增加的字节码是会直接影响交易大小的。所以虚拟机到底是出于何种目的产生了如此多的字节码的呢？

其实对于以上问题有一个简单的答案，那就是平台使用费。我们知道执行、部署合约是需要消耗 Gas 的，而具体到 EVM 的层面，那就是每个操作码都有其对应的需要消耗的 Gas。下面是对一些操作码消耗 Gas 的说明。

- SSTORE：当使用这个操作码往一个新的地址中存入数据时消耗 20 000 Gas。
- SSTORE：当使用这个操作码往一个已有的地址中存入数据时消耗 5 000 Gas。
- SLOAD：当使用这个操作码从全局状态中读取数据时消耗 500 Gas。
- 其余的操作码消耗 3～10 Gas。

在这两个例子中我们消耗的 Gas 分别如下。

- 20 000 + 20 000 = 40 000。
- 500 + 20 000 + 5 000 + 500 = 26 000。

在打包存储的情况下，因为我们第二次使用 SSTORE 时，只是往已有的地址中再次写入数据，所以我们省掉了 14 000 Gas。正是由于这个原因，虚拟机才宁愿编译出如此复杂的字节码。

编译优化

其实上述字节码还是略显冗长。很容易想到，我们其实可以在内存中先准备好 a 和 b 对应的数据，然后再一次性地储存到全局状态中，这样一来我们还可以再节省掉第二个 SSTORE 所消耗的 5000 Gas。我们可以通过指示编译器优化字节码的方式来达到这个目的。在之前讲到的编译工具中，让编译器优化字节码的方法分别如下。

- solc --bin --asm --optimize file_name.sol。
- 在 Remix 中勾选 enable-Optimization 选项。

再进行一次编译，看一看结果会如何。

```
60 00                    PUSH 0x0
80                       DUP1
54                       SLOAD
```

```
70 020000000000000000000000000000000000    PUSH17
/* not(sub(exp(0x2, 0x80), 0x1)) 高 16 字节 bitmask */
60 01                                       PUSH 0x1
60 80                                       PUSH 0x80
60 02                                       PUSH 0x2
0a                                          EXP
03                                          SUB
19                                          NOT

90                                          SWAP1
91                                          SWAP2
16                                          AND
60 01                                       PUSH 0x1
17                                          OR

/* sub(exp(0x2, 0x80), 0x1) 低 16 字节 bitmask */
60 01                                       PUSH 0x1
60 80                                       PUSH 0x80
60 02                                       PUSH 0x02
0a                                          EXP
03                                          SUB

16                                          AND
17                                          OR
90                                          SWAP1
55                                          SSTORE
```

可见，虚拟机通过使用 bitmask 分别实现对高 16 字节和低 16 字节赋值，而且只使用了一个 SSTORE 就让数据存入了全局状态，从而达到了优化的目的。

但是，为什么要在字节码中直接嵌入 02000000000000000000000000000000000 这 17 字节？要知道我们只需要做一个简单运算便能获得这个值：exp(0x2, 0x81)。换句话说，我们其实只需要用 3 字节就能代表这 17 字节，但是虚拟机为什么没有这么做呢？答案很简单，仍然是 Gas。让我们来看一看每个字节消耗 Gas 的规则。

- 每一个 0 字节消耗 4 Gas。
- 每一个非 0 字节消耗 68 Gas。

根据这个规则，我们很容易计算出两种情况下消耗的 Gas 的值。

- $68 + 16 \times 4 = 132$。
- $68 \times 3 = 204$。

直接嵌入 02000000000000000000000000000000000 虽然显得笨拙，但是更便宜。虚拟机宁

愿增加字节码的大小也想为用户节省每一个 Gas。

总结

最后，回顾总结如下。

- 智能合约的生命周期被严格地划分为两个阶段：部署时和运行时。
- 智能合约的构造函数在且仅在部署时运行，一旦被部署就不可能再次运行构造函数了。
- 全局状态是一个键值对，每一个键都对应一个 32 字节长的数据块。
- 因为上一点，所以以太坊虚拟机是一个 256 位机，其天生就是用来对 32 字节长的数据做运算的。
- 往全局状态中存数据是非常昂贵的。
- 以太坊虚拟机一切向"钱"看，所有的优化都是围绕减少 Gas 消耗而进行的。

量子计算对区块链的威胁

2018 年 3 月，Google 发布 72 量子比特通用量子计算机，引发热议：看上去牢不可破的加密"货币"是不是到了快要被终结的时刻？

首先，来看一看量子计算中已经比较成型的算法：Shor 算法和 Grover 算法。

Shor 算法不是通用的算法，它解决因式分解的问题：给定一个整数 N，找到其质因数。以下是维基百科对其的介绍。

在量子计算机上，为了分解整数 N，Shor 算法以多项式时间运行（所花费的时间是 $\log N$ 中的多项式，N 为输入的大小）。具体来说，它使用快速乘法获得时间复杂度为 $O((\log N)3)$ 的量子门，表明整数分解问题可以在量子计算机上得到有效解决，因此属于复杂性类别时间复杂度。这比经典因式分解算法（通用数域筛）快得多，后者在次指数时间内工作——时间复杂度约为 $O(\text{pow}(e, 1.9(\log N)1/3(\log \log N)2/3)))$。Shor 算法的效率归因于量子傅里叶变换的效率，以及通过重复平方得到的模幂。

简单来说，Shor 算法就是把指数级的时间复杂度降维成了多项式时间。所谓多项式时间，就是 $O(n^k)$，其中 k 是常量。图 1 所示为时间复杂度的对比。可以看到，指数（2^n）到多项式（n^2）的差异非常大。

虽然 Shor 算法只能加速因式分解的速度，但如果你了解非对称加密算法，就会记得 RSA 算法的基石——两个大质数 p 和 q 的合数很难被因式分解出 p 和 q。

5～10 年前，人类通过通用计算机分解出来的最大的整数是 768 bit，因而理论上 RSA 密钥低于这个长度就是不安全的。在实际生活中，我们基本都会用 4 096 bit 长度的密钥。

```
$ ssh-keygen -t rsa -b 4096 -C "tyr@awesome.com"
```

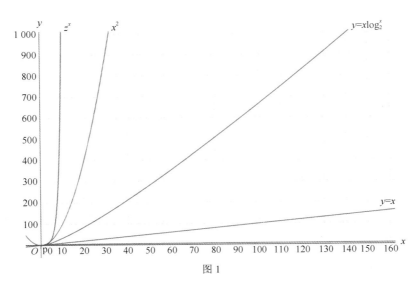

图 1

对于一个 768 bit（二进制）的整数，我们对比两个算法的时间复杂度。

```
> n = 1230186684530117755130494958384962720772853569595334792197322452151726400507263657518745202199786469389956474942774063845925192557326303453731548268507917026122142913461670429214311602221240479274737794080665351419597459856902143413
1.2301866845301178e+231
> logn = Math.log(n)
532.1043224155328
> loglogn = Math.log(logn)
6.276839564883618
> pow1 = Math.pow(logn, 1/3)
8.103368625868256
> pow2 = Math.pow(loglogn, 2/3)
3.402728919940164
> 1.9 * pow1 * pow
252.389776867137634
> Math.pow(e, 52.389776867137634)
5.65706279069233e+22
> Math.pow(logn, 3)
150657362.61267015
```

Shor 算法是 10^{22}，Grover 算法是 10^9。如果 1ns 完成一次操作（当然两个算法一次操作的时间是不相等的，但是常量），那么前者需要 180 万年，后者需要 1s。

由此可见，Shor 算法对 RSA 体系的破坏性是显而易见的，它的变种对基于椭圆双曲线的 ECDSA 算法也有类似的降维杀伤力。从这个角度上讲，量子计算机不断走向成熟，则整个非对称加密体系下的算法都会受到巨大的冲击。公钥基础设施（Public Key Infrastructure，PKI）将坍塌，你访问银行官网时，CA 已经无法证明官网证书属于银行；你也无法使用公钥去验证某个私钥的签名，因为私钥可以被公钥推导出来。所以，受到威胁的并非只是比特币，而是整个互联网。你无法信任银行的网站，银行无法信任你的 USB Token 里的私钥提供的签名。我们的数字化生活将一片黑暗。

然而，你还是能信任你的比特币钱包。虽然比特币钱包的私钥和钱包地址都来源于 ECDSA 算法的私钥和公钥，然而钱包地址并非直接是公钥，而是公钥的散列。因而，你给一个钱包打钱时，并不需要钱包的公钥；只有这个钱包使用里面的钱（给别人打钱）时，才需要把自己的公钥放在交易里。如果一个钱包只是收钱，那么它是安全的——即便 Shor 算法也需要公钥去逆向私钥。因为公钥没有暴露出来，所以 Shor 算法无法使用。因而，即便量子计算破解了非对称加密算法，也无法破解那些没有使用过的冷钱包。对于那些需要多重签名的钱包，也是类似的。

如果非得破解冷钱包，那么需要先从钱包地址逆向出其公钥，而这个操作 Shor 算法无法完成，只能借助其他算法。

这个算法就是 Grover 算法。先看一看维基百科的介绍。

Grover 算法是一种量子算法，它仅使用 $O(N^{1/2})$ 个函数的评估就可以很容易地找到黑盒函数的唯一输入，该函数产生特定的输出值，其中 N 是函数域的大小。Grover 算法是由洛夫·格罗弗（Lov Grover）在 1996 年提出的。

基本上，Grover 算法相对于函数 $f(x) = y$，只要给定 y 和 x 取值的一个列表，它就可以以 $O(N^{1/2})$ 的时间复杂度找到这个 x。换句话说，任意一个算法在正常情况下暴力破解（在算法的定义域中逐个试）的时间复杂度是 $O(N)$，Grover 算法将其降低成 $O(N^{1/2})$。对于时间复杂度来说，Grover 算法虽然看上去不错，但大多数情况下只是聊胜于无。图 2 是 Grover 算法的时间复杂度和 $\lg N$ 的对比。

我们来看一个 256 bit 的公钥，其 $O(N^{1/2})$ 是多大。我们先找 256 bit 的数字的取值范围。

```
> n_max = 0b1111111111111111111111111111111111111111111111111111111111111111111111111111111111111111111111111111111111111111111111111111111111111111111111111111111111111111111111111111111111111111111111111111111111111111111111111111111111111111111111111111
5.78960446186581e+76

> Math.sqrt(n_max)
2.4061596916800453e+38

> Math.log(n_max)
176.75253104278605
```

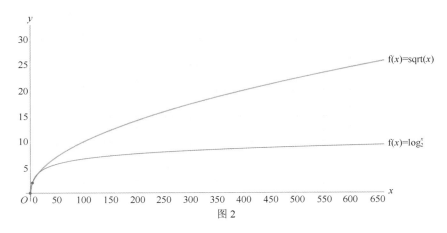

图 2

虽然经开平方后量级已经大大减小,但数字还是很大,这在一个可以预见的时间内是无法破解的。因此,即便使用了 Grover 算法,也无法有效地通过钱包地址破解出公钥,从而进一步使用 Shor 算法从公钥破解出私钥。

从这个意义上讲,比特币对量子计算还是有一定免疫力的。在大家担忧量子时代到来后比特币的前景时,还是先担忧一下现有的 PKI 体系吧,毕竟现有的一些支付手段基于非对称加密算法来保证系统的安全,以后可能都会变得不再可信。

总结

现在通过问答的形式回答一些问题。

问:是不是从没有交易过的冷钱包才是安全的?

答:对。所以大钱放冷钱包,经常要花的小钱放热钱包,类似于支票/储蓄账户(Checking/Saving Account)。收钱是不受影响的。如果热钱包被打了很多钱,那么立刻转到冷钱包里去——不管有没有量子计算,这都是好习惯。冷钱包一旦使用,就要把余额打到新的冷钱包中。

问:SHA-256 算法呢?这个算法被攻破的话,挖矿将瞬时完成,现有的 PoW 将崩溃,网络也就脆弱了。

答:本节最后提到的 Grover 算法就是在逆向由 RIPEMD 算法生成的钱包地址时获取公钥,这是不可行的。量子计算会让 PoW 加速(别人 10 min 产块,你理论上需要约 3.1 min,

但挖矿难度会随之上升），因而量子霸权可以很容易地生成新的区块。但要逆向 PoW 是很难的，比如要逆向之前的 6 个区块，那么时间成本是指数级增加的。PoW 目前的难度系数是 3 290 605 988 754，开平方后约为 1 814 002。对于单个区块而言，这是压倒性的优势；但要篡改历史区块，比如最近 6 个区块，则需要 Math.pow(difficulty,6)。使用 Grover 算法后，仍然要应对 3.6×10^{37} 量级的计算量。

问：量子霸权会超过 50%的算力进而伪造交易吗？

答：可以形成算力上的垄断，但这种垄断无法直接伪造交易，只是让垄断者进行双重花费；如果要伪造交易，那么需要在 10 min 内攻破别人的私钥（使用 Shor 算法），且比别人出块都快。但是到了这个时候，我们需要担心的是整个 PKI 体系坍塌带来的暗黑时代，而不是比特币交易被伪造。

星系④：去中心化身份

图说去中心化身份

Microsoft 缘何基于比特币网络构建去中心化身份体系

"制 DID 若烹小鲜"——6 步即可生成去中心化身份

DID 钱包实例：分层确定性钱包

图说去中心化身份

2019 年 5 月，随着 Microsoft 发布运行在比特币网络上的去中心化身份（DID）网络的早期预览版、ArcBlock 发布全面支持 DID 的数字加密钱包，DID 正在成为区块链从业者和用户关注热议的话题。

那么，到底什么是去 DID？它解决什么问题？其大致的实现原理是什么？本节尝试用图文并茂的方式作一个简明的入门介绍。

身份的定义

提到身份，我们自然会想到身份证、户口本、驾照等一系列证明"你是你"的文件。确实，在今天的世界，一个人没有身份，就无法拥有银行账户、无法获得社会福利、无法享受受教育权利。据世界银行 2018 年的统计数据显示，全球有 10 多亿人口没有合法身份，基本与现代社会正常生活绝缘脱节。

按照国际标准化组织的定义，身份是"与某一实体相关的属性集"，而这一实体可以指人、机构、应用或设备。本节讨论以人和机构为主的身份，如图 1 所示，身份信息则由 3 个方面构成。

- 属性：生理和社会属性，例如你的出生情况、教育背景、金融借贷历史、医疗记录等。
- 关系：社会关系，例如你是哪国公民、是什么公司的雇员、是谁的亲属朋友等。
- 代理：受你委托的民事代理，如律师、房地产经纪人等，以及你使用的手机应用、云端服务等互联网服务。

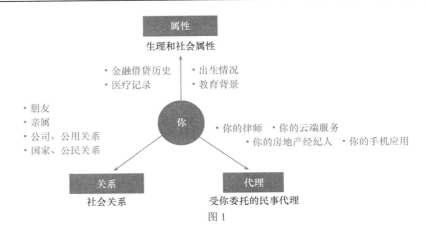

图 1

同时，身份也是由不同参与方的声明和可验证声明（Verifiable Claim）等动态行为构成的。

- 声明：往往是个人或机构对自己身份的声称和主张，例如"我是比特币，2009 年 1 月 3 日出生"。
- 可验证声明。
  - 证明：为声明提供证据的某种形式的文件。通常对个人来说证明是护照、出生证和公用事业账单的复印件等；对于公司来说，证明则是营业执照、一堆公司章程等注册文件。
  - 认证：第三方根据记录来确认声明是真实的。例如，一所大学可以证明某人在该校学习并获得了学位。来自权威的证明要比能够伪造的证明更有说服力。

数字身份的演变

时至今日，全球有近三分之二的人口上网。各种丰富的互联网应用和服务通过各种计算机设备将我们的数字生活和现实生活融合在一起，并让我们用以前无法想象的方式与数以百计的企业与机构、数以千计的其他个人用户时时刻刻进行互动。在这种互动当中，连接并映射线下本体到线上并由计算机自动验证和处理的数字身份，其便捷和重要性日益凸显。麦肯锡 2019 年 1 月发布的一份关于数字身份的研究报告披露：如果普及并正确实施数字身份，那么将有 78% 的低收入国家的非正规从业人员受益，将有 1 100 亿小时的时间通过政府服务、社会保障的精简节省出来，产生的经济价值相当于每个典型新兴经济体 6% 的 GDP 或每个成熟经济体 3% 的 GDP。

不过，在万维网 30 多年前诞生之初时，工程师并没有在其底层协议中进行数字身份的设计,所以有了一幅漫画——"在互联网上,没人知道你是一条狗"。它非常生动地描绘出 20 多年前互联网刚刚走入寻常百姓家时,人们尽享在网上匿名冲浪的快乐情景。

最早的数字身份就是大家耳熟能详的互联网传统账号模式,如图 2 所示。

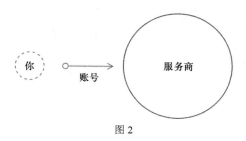

图 2

当使用论坛、社区、电商、游戏等各种不同的应用和服务时,你必须向这个系统注册申请一个用户账号,然后用 ID 和密码登录使用。实际上,你把自己的身份信息提供给了某个服务商,然后服务商创建了 ID,然后把这个 ID 借给你使用,你所有的数据都存储在他们的服务器上,根据你签署同意的用户协议,你的 ID 和数据在法律上也归属于服务提供商。如今,这一身份模式给用户体验带来的问题是,每个应用服务都要创建账户,账户越来越多,管理这么多账户实在太麻烦了。

因此,产生了第二种数字身份的模式:一键登录,如图 3 所示。

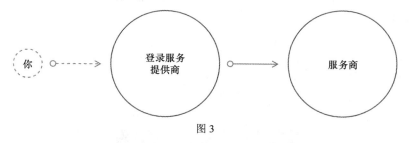

图 3

与前一种模式不同的是,一键登录是你把数据上传给某一个登录服务提供商的中心系统,经你授权,由其把你的数据提供给服务商。目前,大家都普遍接受微信、Facebook 等这样的平台提供的账号一键登录各种不同的应用服务,非常方便。不过,实践中,这一数字身份模式出现的问题大致有以下两种。

- 隐私泄露。社交平台 Facebook 日活跃用户占世界人口的 1/5,许多用户用 Facebook Connect 登录其他外部服务的时候,Facebook 并没有保护好用户隐私,导致仅在 2018 年就泄露了 8 700 万用户信息。英国剑桥分析公司未获授权便收集 5 000 万 Facebook 用户信息用于精准投放竞选广告,这只是其中最为著名的一例。

- 限制封锁。微信登录似乎是一个反例。当你使用微信登录任何一个第三方应用时，不论怎么授权，微信提供的信息都极为有限。

无论是互联网传统账号还是一键登录，这两种数字身份模式从技术和法律上来看，都从来不属于用户自己。随着用户数据泄露和滥用的痛点日益凸显，让每个人在数字世界都有权拥有并控制自己的身份，其数字身份信息能够安全存储并保护好隐私，已成为日益强烈的刚需。

去中心化身份

去中心化身份利用区块链技术让数字身份真正为用户所拥有并支配，就像我们把身份证、护照、户口簿这些纸质文件放在家里小心保存，只有在需要的时候再拿出来一样，不再有任何中间人（即使是 DID 技术供应商）接触、拥有或控制用户的身份和数据。

实现一个用户能自主创建、完全去中心化的身份管理（见图 4）方式，是远在区块链诞生之前，坚持互联网"去中心化"初心的极客和专家一直追求的目标。然而，OpenID 等多个解决方案之所以未能奏效，是因为在技术上永远绕不开"认证中心"。一旦需要这个认证中心，就背离了初衷，而且因为涉及中心的认证，所以不仅存在隐私和安全问题，多个主体间的 DID 也是互相隔断的。

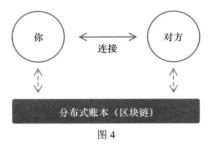

图 4

区块链的出现恰恰解决了 DID 最大的问题。区块链技术的很难篡改、散列加密的特性，让建立标识唯一、人皆可信、去中心化运维的身份系统得以实现。今天，无处不在的移动网络服务能够让人们一直保持在线状态，智能手机的普及让几乎人人都随身携有一台计算能力强大的计算机，近两年 O2O 的成熟让扫描二维码成为最常见易行的用户行为。这些互联网技术的进步和模式演变又让 DID 能够实现流畅良好的用户体验。

W3C 主持开发的去中心化身份标识符（Decentralized IDentifier，DID）标准正在成为去中心化身份技术的实现标准。目前 Microsoft、ArcBlock、uPort、lifeID 等企业或项目提交了各自的 DID 方法，DID 方法如图 5 所示。

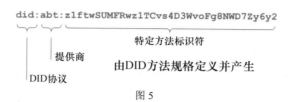

图 5

DID 是与身份主体相关、与该主体进行可信互动的 URL。DID 解析为 DID 文档——描述如何使用该 DID 的简单文档。每个 DID 文档可能至少包含 3 个部分：证明目的、验证方法和服务端点。证明目的与验证方法相结合，以提供证明事物的机制。例如，DID 文档可以指定特定的验证方法，例如密码公钥或化名生物特征协议，可以用于验证为证明目的而创建的方法。服务端点支持与 DID 控制器的可信交互。DID 生态如图 6 所示。

图 6

这一可验证、"自我主权"的数字身份新型标识能够让身份数据始终置于终端用户的控制之下，并且不把个人身份信息存储在区块链上（仅将签名的散列值作为证据），让用户成为身份的唯一所有者，从而摆脱任何中心化注册服务、身份提供商或证书颁发机构的控制。为保护隐私，DID 通常使用零知识证明方法让声明信息的披露尽可能少。比如国外超市、酒吧禁止向未成年人卖酒，有了 DID，你只需要提供由相关部门签名认证的声明证明你已经超过 18 岁就可以了，而不需要分享你的出生日期。

DID 技术实现的去中心化身份的体验和用途与传统的数字身份截然不同。首先，你将不只拥有一个 DID，而是依据身份场合需要的不同拥有无数不同的 DID，每一个 DID 都给你一个单独的、终生加密的私密渠道与其他个人、组织或事物交互沟通，因此能更好地选择你的身份来进行交流、更好地保护你的隐私，传统互联网的"人肉搜索"现象将不会再发生；其次，DID 将不但用来证明身份，而且还可用来交换可验证的数字证书；最后，每个 DID 都直接登记在区块链或分布式网络上，无须向中心化注册机构申请。

Microsoft 缘何基于比特币网络构建去中心化身份体系

2019 年 5 月 13 日，Microsoft 发布了一个名为身份覆盖网络（Identity Overlay Network，ION）的去中心化身份网络的早期预览版，任何人都可以使用这个运行在比特币区块链之上的专用公网来创建去中心化身份标识符、管理其公钥基础设施状态，其初步实现了继承比特币完全去中心化属性，又能够满足 DID 管理所需的规模性能要求的设计目的。

尽管 Microsoft 的 ION 并不是业界最早的去中心化身份产品，其参考节点的代码仍在开发之中，需要实现更多协议才能在比特币主网中正式运行，但 Microsoft 此举可能会影响整个科技行业。因为很多企业的信息基础设施都在使用 Microsoft 的产品，如果把 DID 功能集成到 Microsoft 的任何一款基础设施产品中，其对去中心化身份技术的普及作用，很有可能像当年 Windows 95 操作系统对促进大众广泛使用互联网一样。在此之前，W3C 已经开始了 DID 的规范制定。业内如 ArcBlock、uPort、Civic、Sovrin 等公司都已经围绕 W3C DID 规范的草案推出了各自的 DID 方案。

虽然有很多第三方围绕 DID 展开研发，每家的方案也各有异同，但是如果未来 W3C DID 的规范形成标准，那就意味着这些不同厂商的 DID 之间是"互联互通"的，而不是像过去的身份方案一样各不相让、互相竞争，这就为全世界的用户带来一个前所未有的福音。例如，用户在 ArcBlock 上的 DID 前缀为 "did:abt"，如果 Microsoft 的服务遵循标准，那么 ArcBlock 上的任何用户都将无须进行额外的注册登记就可以直接访问 Microsoft 的服务，并且可以把原来在 ArcBlock 上取得的基于 DID 的（如证书、票据等）可验证声明直接用于 Microsoft 的系统，反之亦然。当实现这一愿景时，"天下大同"的全新局面将真正出现。

图 1 所示为 W3C 目前的 DID 提供者列表，列表名单还在不断增加，越来越多的厂商正

在加入 W3C DID 阵营。

方法名称	状态	DLT或网络	作者	链接
did:abt:	PROVISIONAL	ABT Network	ArcBlock	ABT DID Method
did:btcr:	PROVISIONAL	Bitcoin	Christopher Allen, Ryan Grant, Kim Hamilton Duffy	BTCR DID Method
did:stack:	PROVISIONAL	Bitcoin	Jude Nelson	Blockstack DID Method
did:erc725:	PROVISIONAL	Ethereum	Markus Sabadello, Fabian Vogelsteller, Peter Kolarov	erc725 DID Method
did:example:	PROVISIONAL	DID Specification	W3C Credentials Community Group	DID Specification
did:ipid:	PROVISIONAL	IPFS	TranSendX	IPID DID method
did:life:	PROVISIONAL	RChain	lifeID Foundation	lifeID DID Method
did:sov:	PROVISIONAL	Sovrin	Mike Lodder	Sovrin DID Method
did:uport:	DEPRECATED	Ethereum	uPort	
did:ethr:	PROVISIONAL	Ethereum	uPort	ETHR DID Method
did:v1:	PROVISIONAL	Veres One	Digital Bazaar	Veres One DID Method

图 1

Microsoft 在 2018 年 2 月宣布将去中心化身份作为公司的区块链战略切入点，并在 2018 年 10 月发布《去中心化身份》白皮书。Microsoft 在白皮书中表述的认知与业界大体一致：数字化生活与物理世界不断交融的今天，每个人都需要一个自己拥有并控制的、去中心化的数字身份，并由自己拥有的、能够开展安全私密交互的身份标识符（Identifier）支持。这一自主拥有的身份必须无缝融入人们的生活，并将他们置于数字世界活动的中心。

Microsoft 也透露了其涉足去中心化身份领域的目的是进一步加强 Microsoft 在云计算市场的地位，它希望升级其现有的云身份系统，让任何个人、组织和设备都能够充分控制自己的数字身份和数据——分享什么、与谁分享，以及在必要时收回，让数字身份和数据完全为己掌控。个人需要一个安全、加密的数字中心，在这里他们可以存储自己的身份数据，并轻松控制对其的访问，而不是向无数的互联网应用和服务授予广泛的许可，并在众多提供商之间散播他们的身份数据。和 Microsoft 的思路相比，目前已经成为 Hyperledger Indy 的项目 Soverin 是企业级方案的先行者，其在企业需要立刻部署基于开源技术的 DID 方面具有优势。而 ArcBlock 的 "did:abt" 协议则和 ArcBlock 的区块链底层框架彻底打通，是从底层自下而上支持 DID 的方案。

Microsoft 在白皮书中介绍了其 DID 的技术基础框架（见图 2），该框架由以下 7 个技术模块构成。

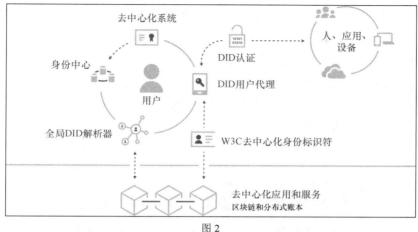

图 2

- W3C 去中心化身份标识符：由用户独立于任何组织创建、拥有和控制的身份标识。根据 W3C 制定的标准，DID 是全球唯一的标识符，与去中心化公钥基础设施（DPKI）元数据链接，元数据由包含公钥材料、身份验证描述符和服务端的 DID 文档组成。
- DID 用户代理：让真人用户能够使用去中心化身份的应用。有助于 DID 创建、数据和权限管理，以及 DID 相关声明的签名验证。
- DID 认证：基于 DID 的认证协议。这可能是 DID 技术落地的时候最先被最终用户感知的方式，就是可以用 DID 来登录各种支持 DID 的服务。
- 去中心化系统（如区块链和分布式账本）：DID 的可行性最终需要建立在去中心化系统之上，区块链技术为此提供了 DPKI 所需的机制和功能。这也是区块链技术出现后，DID 才真正在技术上变得可行的原因。
- 身份中心：个人数据加密存储的可复制网格，由云和边缘实例（如移动电话、计算机或智能扬声器）组成，便于身份数据存储和身份交互。
- 全局 DID 解析器：利用一组 DID 驱动提供一个标准方法跨越去中心化系统来查找和解析各种 DID。例如以 "did:abt" 开头的 DID，其中 abt 表明了这是 ArcBlock 提供的 DID，因此通过全局 DID 解析器就能定位 DID 的技术提供方。这是各家的 DID 可以互联互通的关键之一。
- 去中心化应用和服务：与个人身份数据存储中心相结合的 DID，可以创建全新的应用和服务，它们在用户身份中心存储数据，并在授权范围内进行操作。

Microsoft 在白皮书中明确表示在去中心化系统方面与社区一起积极研发支持 DID 实现的区块链网络，并计划开发提供一个类似于钱包的应用作为管理 DID 和相关数据的用户代理。迄今为止，ArcBlock 发布的 ABT 钱包，以及 uPort、Civic 等公司都已经有此类产品。

白皮书发布半年之后，Microsoft 首先在 DID 网络模块交付 ION，成为在去中心化身份领域有实际技术产品落地的企业。Microsoft 表示，为应对既满足 DID 交互所需性能和规模的需求，又保持其去中心化和自我拥有的特性以区别于现有的身份技术的挑战，它和去中心化身份基金会（Decentralized Identity Foundation，DIF）的成员 ConsenSys、Transmute 一起开发了一种与区块链无关、专用于创建可规模化的 DID 网络的协议 Sidetree。如图 3 所示，为 Microsoft ION 采用的 Sidetree 协议架构。

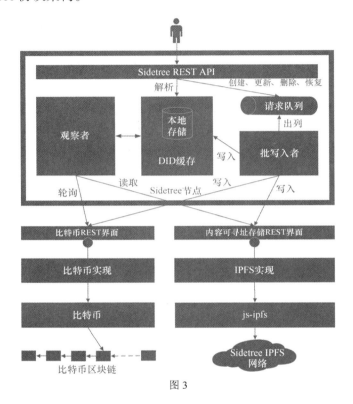

图 3

ION 是基于开源协议 Sidetree 搭建的、运行于比特币之上的开放公网，大部分代码由 Sidetree 协议定义的通用组件构成。ION 由 Sidetree 核心逻辑模块、目标区块链的读/写适配器，以及可在节点之间复制数据的内容寻址存储协议组成。ION 可以使用单个链上交易在比特币上锚定数万个 DID/PKI 操作。ION 上的交易用散列编码，ION 节点使用散列通过分布式存储协议星际文件系统（IPFS）获取、存储和复制与相关的 DID 批操作。节点按照一组特定的确定性规则处理这些批操作，这些规则使它们能够独立到达系统中身份标识的正确 PKI 状态。与虚拟"货币"资产不同，身份不能进行交换和交易，因此网络不需要单独的共识机制、主链或侧链。节点可以并行地获取、处理和组装 DID 状态，其聚合能力允许其以每秒数万次操作的速度运行。目前，其他的 DID 实现思路和 ION 的主要区别在于数据如何承载在区块链之上，例如 Hyperledger Indy（Sovrin）是一种被称为公共许可链（Public Permissioned Chain）的方法，需要使用其专门用于 DID 的区块链技术。而 ArcBlock 的 DID 技术则是把 DID 的基础植入 ArcBlock 框架和 SDK 中，使任何基于其框架的链和应用都具备支持 DID 的能力，在其 ABT 链网中有专门服务于 DID 的链。

总之，作为一家成功的 IT 企业，Microsoft 支持 DID 对整个行业而言是一种推动。能率先支持行业的开放标准，并基于比特币网络构建开源的 DID 技术，对 Microsoft 而言需要非常大的勇气，对互联网而言具有深远的意义。作为 DID 探索的先行者和创新者，ArcBlock 也将和 Microsoft 在未来携手同行，进一步打造未来信息社会的基础架构。

"制DID若烹小鲜"——6步即可生成去中心化身份

继"去中心化交易所""去中心化应用"之后,"去中心化"的"战火"终于蔓延到了身份识别系统上,DID成为区块链领域的热门概念,但绝大多数人对这个概念依然是一头雾水。

- DID本质是什么?
- DID是由什么算出来的?
- 计算DID的过程是什么?

虽然DID有各种各样的应用场景,但DID本质上其实是一个地址。DID和传统的比特币、以太坊地址的相似之处在于:它们都是根据一个私钥算出来的地址。不同的私钥能生成同一个地址的概率在现实世界中接近于零。

而DID和传统地址的区别在于:DID的计算过程中加入了某些特定信息,包括这个DID使用的加密算法类型、散列算法类型等。这些算法类型作用于DID生成的不同步骤,如加密算法规定用户私钥和公钥是如何计算的,散列算法规定用户信息被计算成散列的时候使用什么算法(之后会有详细解释)。DID的所有者可以使用此DID执行各种操作,包括验证身份、授权交易等。可以说,DID将在未来成为互联网基础设施,任何需要授权或验证的行为都可以通过DID完成。现在一般的授权验证行为都是通过输入密码、提供有效证件,或通过第三方公证等方式完成的,而DID的普及将使一切都可以在移动端用私钥签名完成,这将让人们的数字生活,甚至线下的衣食住行都得到极大便利。跨链交易如图1所示。

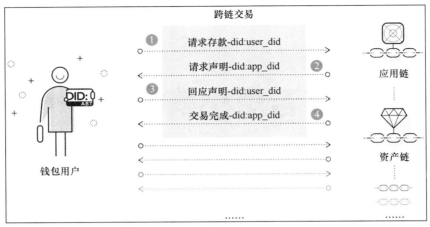

图 1

功能如此强大的 DID，其技术工程实现却并不复杂。

其实，生成 DID 的过程和烹饪一道菜的过程非常相似。需要的准备如下。

- 厨具：生成 DID 需要的外部工具。
- 食材：DID 计算的基础原材料。
- 烹饪方法：如何搭配这些厨具和食材，以及具体需要执行的步骤。

接下来详细解析如何通过 6 个步骤生成一个 DID，让 DID 不再神秘。

一套厨具：签名算法、散列算法和 DID 类型

生成 DID 的第一步是选择一套合适的厨具。这些厨具信息会嵌入生成的 DID 中，这样在第三方验证的时候，就知道应该选用对应的工具来验证。

- 签名算法：用于生成用户的私钥和公钥的算法。目前 ArcBlock Blockchain SDK 默认支持两个签名系统选项——secp256k1 和 ed25519。
- 散列算法：用于计算数据散列的算法。散列函数有点像黑盒子，它能将任意长度的数据转换为固定长度的数据。对于相同的输入，不同类型的散列算法将具有不同的输出。ArcBlock Blockchain SDK 的默认散列算法是 SHA3-256。
- DID 类型：选择完签名算法和散列算法后，最后一个要选择的是 DID 类型。这指定了 DID 的角色类型，告诉验证方这个 DID 代表的是应用程序、个人还是设备等。图 2 所示为我们当前支持的角色类型。

```
account = 0
node = 1
device = 2
application = 3
smart_contract = 4
bot = 5
asset = 6
stake = 7
validator = 8
group = 9
any = 63
```

图 2

食材：私钥和公钥

现在大家已经准备好以上必要的 3 件厨具了，接下来让我们看一看如果要做一道 DID 大餐需要什么食材。

最核心的食材是私钥。私钥是一组需要仔细保管的数据。任何持有你私钥的人都可以重新生成你的钱包，并用钱包做包括转账、批准交易等各种事情，所以大家一定要小心保管好自己的私钥信息。

公钥是根据加密算法从私钥计算出来的，通常用于第三方或公众验证签名。公钥是公开的，如果有人知道了你的公钥，但不知道你的私钥，则不会对你的信息安全造成任何威胁。

一般来说，DID 的生成只需要公钥。但是由于公钥是从私钥计算出来的，因此即使只给出私钥，DID 也可以生成。也就是说，私钥或公钥任意提供一个，就可以生成 DID 了。但出于安全考虑，一般建议大家提供公钥，而保管好自己的私钥信息。

作为生成 DID 的原材料，私钥/公钥直接决定了 DID 的内容，就像做寿司用的鱼，决定了这道寿司是鳗鱼寿司、三文鱼寿司，还是章鱼寿司。

烹饪方法

介绍完厨具和食材之后，我们来看一看应该如何烹饪这道 DID。

在介绍 DID 的烹饪方法前，请确定已经准备好散列算法、签名算法和 DID 类型，并拥有了一组私钥和公钥。接下来按照烹饪方法的步骤进行，就可以得到一个 DID 了。

- 使用散列算法为公钥计算一个散列值 hash1，如图 3 所示。

图 3

- 取 hash1 的前 20 字节作为 hash2，放置一旁待用，如图 4 所示。

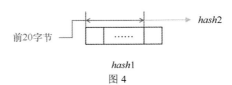

图 4

- 在 hash2 前面添加 DID 类型字节，得到 hash3，如图 5 所示。

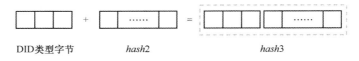

图 5

- 使用散列算法从 hash3 计算出一个散列值，得到 hash4，如图 6 所示。

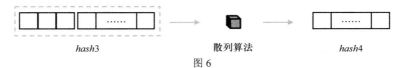

图 6

- 将 hash4 的前 4 字节和 hash3 合并起来，得到 hash5，如图 7 所示。

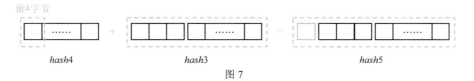

图 7

- 使用比特币 Base-58 方法对 hash5 进行编码，得到 DID，如图 8 所示。

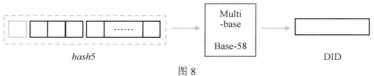

图 8

至此顺利生成了一个 DID！

总结

现在我们已经体验了 DID 生成的全过程，该过程一共只需要 6 步。

虽然后端的技术支持比较复杂，但是用户和开发者在使用过程中完全感受不到。例如，在 ABT 钱包中，创建一个以 DID 为基础的个人钱包仅需要 4 步；而对于开发者来说，整个 DID 的生成过程就是自动集成在 ArcBlock Blockchain SDK 里的。

DID 让用户可以无须进行额外的注册而直接使用 DID 中的信息，整个过程不需要第三方参与。ArcBlock Blockchain SDK 将所有用户地址、资产地址的计算全部自动优化成了 DID，因此 ArcBlock Blockchain SDK 开发出来的应用天然享有 DID 的优势，彼此间的交流将更加顺畅。ArcBlock Blockchain SDK 把 DID 融入去中心化应用的核心逻辑中，推动 DID 成为互联网基础设施之一，使各种应用互联互通。在 ArcBlock Blockchain SDK 和 DID 的共同作用下，区块链未来已来。

DID 钱包实例：分层确定性钱包

了解区块链或持有数字"货币"（如比特币和以太坊）的读者可能都知道把数字"货币"存在自己的钱包里。目前市面上的钱包应用非常多，有支持单链的、支持多链的，有手机 App，有网页，有桌面客户端，还有浏览器插件（如 MetaMask）等。

绝大多数钱包应用在创建钱包时千叮咛万嘱咐让你做好备份的助记词是怎么回事儿？为什么这些钱包自称 HD 钱包？为什么说泄露了助记词就丢失了所有的币？为什么用单个助记词可以产生、控制多个账户？助记词究竟是怎么产生私钥的？安全性有没有保障？破解的难度究竟有多大？如果你有耐心读完本文，相信这些问题的答案都会了然于胸。

接下来我们就用层层递进、抽丝剥茧的方式去了解一下分层确定性钱包的设计和实现思路。

分层确定性钱包常被简写成 HD 钱包，简写来源于 Hierarchical Deterministic Wallet。如果要彻底明确什么是 Hierarchical Deterministic Wallet，就要从语言层面来看这个名词性短语。

- Hierarchical 是形容词。
- Deterministic 是形容词。
- Wallet 是名词。

搞清楚每个词语在技术上的含义和设计动机，对于我们理解 HD 钱包非常有帮助。

钱包中到底有没有币

确切地说，任何区块链钱包中都没有币，其中有的只是私钥/公钥对，这可能有悖于常识，但是事实确实如此。区块链钱包可以包含任意数量的私钥/公钥对，其中私钥可以用来签名交易，从而把这个私钥能控制的币花出去，但是币本身是存储在区块链大账本上的。把区块链钱包理解为钥匙串可能更形象些，因为钥匙并不是你的资产，而是控制资产的凭据。

在技术性的区块链文章中，私钥、公钥和地址都是由特定的符号表示的，如图1所示。

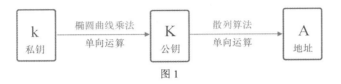

图 1

- k：私钥，通常是随机产生、需要绝对保密的。
- K：公钥，由私钥通过椭圆曲线乘法运算而来，不可倒推出私钥，可以不保密。
- A：地址，由公钥通过单向散列运算而来，不可倒推出公钥，是完全公开的。

确定性钱包

比特币早期的钱包客户端Satoshi Client中会自动随机生成100个私钥/公钥对。私钥之间完全没有关联，这种钱包也叫随机钱包（Random Wallet）或者非确定性钱包（Non-Deterministic Wallet），钱包的备份和恢复必须针对每个私钥进行。

如果能随机产生一个种子，然后根据这个种子去生成一系列的私钥/公钥对，则钱包的备份就会容易很多，因为只需要备份随机的种子就行了。这种根据随机种子按确定规则生成的一系列钱包就叫种子钱包（Seeded Wallet）或确定性钱包（Deterministic Wallet）。确定性钱包在生成多个私钥时会用序号作为参数，因此这种钱包也叫线性确定性钱包（Sequential Deterministic Wallet），如图2所示。

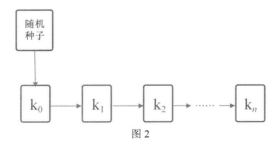

图 2

确定性钱包解决了备份的问题，但还是不完美，它没有办法确保在把钱包的一部分共享出去给别人管理时自己仍拥有知情权和控制权。但社区的智慧是无穷的，分层确定性钱包（见

图 3）应运而生。

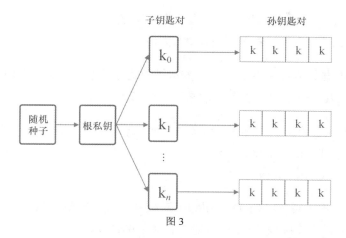

图 3

因为生成的钱包结构是有层次的，所以它被称为 Hierarchical Deterministic Wallet。

- 树状的钱包结构可以让钱包的组织方式更加灵活，或者赋予其现实世界的意义，比如可以用单个 HD 钱包来管理组织的所有资产。
- 每个节点都会有私钥和公钥，也可以派生出更多的子节点。
- 树状结构中的某个分支及其子树可以根据实际需要共享出去。
- 备份和恢复只需要关心主节点。

分层确定性钱包的设计和实现

如今 HD 钱包俨然已经成为事实上的行业标准。知道 HD 钱包的含义之后，我们来看一看它的设计和实现思路。

HD 钱包的想法最早出现在比特币社区，而在比特币社区中，提出新功能、新流程、改进建议等都有标准化的流程，发起者需要用文档的形式把内容书面化，提交给社区去论证，这种文档就叫作比特币改进提案（Bitcoin Improvement Proposal，BIP）。比特币社区甚至将 BIP 本身该如何工作也写成了 BIP，而和 HD 钱包紧密关联的几个 BIP 如下。

- BIP32：HD 钱包的核心提案，说明私钥生成方法以及树状结构的构造方式。
- BIP43：为 HD 钱包子私钥派生路径增加有广泛共识的段。
- BIP44：确定支持多链 HD 钱包子私钥派生路径的标准格式。

我们先来看一看 BIP32，其中定义了如下两个内容。

- 根据父节点公（私）钥派生子节点公（私）钥的算法。
- 将派生出来的私钥/公钥对组织成树状结构的方法。

在 BIP32 中，根据父节点派生子节点的方法被称为子密钥生成函数（Child Key Derivation Function，CKD）。CKD 根据如下 3 个参数来生成子节点。

- 父节点私钥或者公钥（Parent Private/Public Key）。
- 父节点链码（Parent Chain Code）。
- 子节点序号（Child Index）。

为了保证生成过程不可逆，CKD 会用到单向散列函数 HMAC-SHA512。整个 HD 钱包树中的任何节点都可以有私钥和公钥，它们都具有如下的性质。

- 各节点的私钥和随机生成的私钥并没有明显的区分。
- 节点私钥可以用来推导节点公钥，进而推导出账户地址。
- 节点私钥可以用于签名交易。
- 节点之间的父子、兄弟关系在 HD 钱包之外完全是透明的。

如何生成子节点私钥

根据父节点私钥生成子节点私钥的流程如图 4 所示。

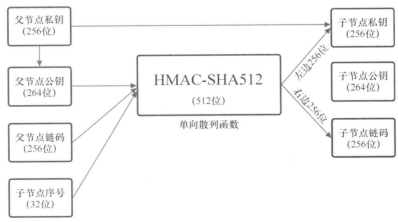

图 4

- 根据父节点私钥和椭圆曲线乘法推导出父节点公钥。
- 把父节点公钥、父节点链码、子节点序号作为参数，使用 HMAC-SHA512 函数得到 512 位输出。
- 把输出拆分为两个等长的 256 位串，分别标记为 L、R。
- 对 L 和父节点私钥做运算得到子节点私钥。
- 把 R 当作子节点链码（Child Chain Code）。

子节点私钥、子节点链码可以作为输入传给 CKD，从而可以生成孙节点以及任意深度的节点。

如何生成子节点公钥

根据父节点公钥生成子节点公钥（Child Public Key）的流程如图 5 所示。

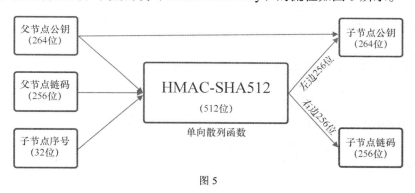

图 5

- 把父节点公钥、父节点链码、子节点序号作为参数，使用 HMAC-SHA512 函数得到 512 位输出。
- 把输出拆分为两个等长的 256 位串，分别标记为 L、R。
- 对 L 和父节点公钥做运算得到子节点公钥。
- 把 R 当作子节点链码。

读到这儿你心里可能已经产生很多疑问。Chain Code 到底是什么东西？引入它有什么好处？每个父节点到底能生成多少个子节点呢？既然确定性钱包是从种子开始的，上面只是提到了从父节点开始生成子节点，那么怎么和种子关联上？请继续往下读。

Chain Code

钱包安全的核心在私钥，而公钥则比较容易被找到。如果子节点生成过程只依赖父节点公钥和子节点序号，那么黑客拿到父节点公钥之后就能复原出所有子节点、孙节点的公钥，这样就会破坏隐私性。CKD 中引入的 Chain Code 则是在整个子节点派生过程中引入随机数，为 HD 钱包的隐私性增加了一重保障。

Extended Key

因为在子节点生成过程中会同时用到父节点公钥和父节点链码，所以 BIP32 中约定把两者拼接再做特定结构编码产生的结果叫作 Extended Key，也叫作可扩展的钥匙，顾名思义，就是根据 Extended Key 可以开始派生子节点。父节点的公钥、私钥分别和链码结合产生的 Extended Key 如下。

- Extended Private Key = Private Key + Chain Code，标记为 xpriv，可用于派生子节点的私钥和公钥。
- Extended Public Key = Public Key + Chain Code，标记为 xpub，只能用于派生子节点的公钥。

因为从 Extended Key 中可以解出父节点的私钥、公钥和链码，所以可以说 Extended Key 代表了 HD 钱包中某个分支、子树的根或者起点。也正是因为这种特性，对 Extended Key 的数据保密要格外小心。

Master Key

定义清楚 CKD 之后我们该从哪里开始生成节点呢？必须得有一个主节点，主节点的生成有两种可能的方案。

- 从随机生成的 512 位随机数开始，将其拆分为两个 256 位的数字，分别作为主节点私钥和主节点链码，而后递归地生成子节点。虽然这种方式生成的随机数有 2^{512} 个，但是在生成主节点私钥的时候只用到了 256 位，实际上主节点私钥的可能取值就缩小到 2^{256} 个。
- 随机地生成特定位数的随机数，位数越大越好。然后将该随机数使用 HMAC-SHA512 函数进行散列计算，得到 512 位的散列，将其拆分为主节点私钥和主节点链码。根据单项散列函数的性质，只要随机数种子不同，得到的散列值和私钥也会不同，这样生成的 HD 钱包主节点私钥就可以有更大的值域空间和更好的随机性。

第二种方案的流程可以用图 6 来表示（其中主节点私钥在 BIP32 中被称为 Master Private Key，主节点链码被称为 Master Chain Code）。

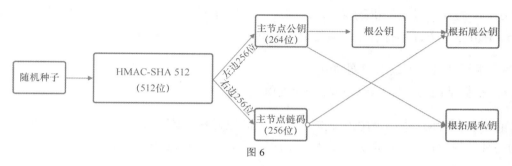

图 6

为什么需要 BIP44

显然，BIP32 在钱包安全性、易用性方面做了比较不错的平衡。但是不同的钱包应用的开发者可以自定义自己的节点结构，这就很容易导致没有办法 100%保证使用了 HD 钱包 A 的用户将自己的种子导入 HD 钱包 B 中还能正常工作；也没有办法保证 HD 钱包能支持多个链的私钥管理。

这些原因使比特币社区在 BIP32 的基础上提出了比较规范的 BIP43 和比较具体的 BIP44，两者的目的在于，就 HD 钱包子节点派生路径的模式、每段的含义上做出具体的规定，形成共识。事实上，如今的 HD 钱包都遵循 BIP32 和 BIP44 的规定，也只有遵循了这两个规范的钱包应用才是大概率完全兼容的。

不同的文字、不同的马车轮距导致了较高的社会交易成本，于是，秦始皇统一六国之后实施了"车同轨、书同文"的政策。BIP44 之于 BIP32 的作用和"车同轨、书同文"政策的效果非常类似，也正是两者的结合才让 BIP 钱包成了事实上的行业标准。

从随机数到助记词

至此，HD 钱包的原理已基本厘清，但是开篇提到的助记词又是什么呢？

互联网发展了多年,在所有的互联网用户都熟悉了登录账户要输入密码的同时,生成、设置、记住密码对人来说却变得很难。为了安全需要设置很复杂的密码,但是复杂的密码不那么容易记住。区块链钱包管理的私钥可以认为是随机生成的密码,有没有办法让这个密码变得更加友好呢?

BIP39 提出的助记词机制就很好地解决了这个问题,让钱包私钥(对 HD 钱包来说就是种子)在安全性方面不打折扣,但是更容易识记。BIP39 主要描述了两个流程。

- 根据随机数生成助记词的流程。
- 根据助记词推导 HD 钱包种子的流程。

有人误认为助记词是随机生成的。实际上助记词并不是随机生成的,而是随机生成的种子的一种呈现方式。助记词究竟是怎么生成的呢?整个过程如图 7 所示。

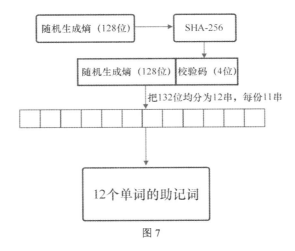

图 7

- 生成 128 位的随机数,这个随机数在 BIP29 中叫作熵(Entropy)。
- 对随机数使用 SHA-256 算法,取前 4 位为校验码(Checksum)。
- 把上述步骤中的结果进行拼接得到 132 位的结果,然后将结果分割成 12 个长度为 11 位的串。
- 将 12 个串转换为十进制数字,然后查找对应的单词。
- 把查找到的单词按顺序拼接起来就构成助记词。

在助记词的生成过程中,不同长度的随机数所需要的校验码不同,最后产生的助记词长度也不同,如表 1 所示。

表 1

熵	校验码	熵 + 校验码	助记词长度
128	4	132	12
160	5	165	15
192	6	198	18
224	7	231	21
256	8	264	24

可能有人会问：表面看起来助记词就是随机排列的 12 个单词，应该很容易暴力破解？下面我们以长度为 12 的助记词为例分析一下暴力破解的难度。

- 可能的助记词数量 $= 2\,048!/(2\,048 - 12)! \approx 5.27 \times 10^{39}$。
- 每秒尝试 10 000 次，每年能尝试的数量为 $10\,000 \times 60 \times 60 \times 24 \times 365 \approx 3.15 \times 10^{11}$。
- 需要约 1.67×10^{28} 年才能穷举所有的助记词。

还不用说助记词的长度是可变的，每个助记词下面的钱包数量也是近乎无限的。暴力破解的难度不用多说。有了助记词之后，如何生成 HD 钱包？HD 钱包的关键是种子，只要从助记词恢复出种子即可，整个过程如图 8 所示。

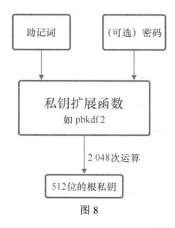

图 8

可以看到，从助记词到种子的过程中，加了两个机制来增加暴力破解的难度。

- password 机制：这样即使助记词泄露，密码不正确也无法拿到正确的种子，算是双保险。
- pbkdf2 机制：比较弱的密码经过这个环节随机性会大大增强，也正是这个运算增加了暴力破解的计算量。

读到这里，相信你对于 HD 钱包的几个核心提案、安全隐患，以及助记词的基本原理已经有比较不错的理解。接下来我们来看一个 HD 钱包的具体实例。

ABT 钱包实例：自带 DID 的分层确定性钱包

2019 年 5 月 20 日正式发布的 ABT 钱包是集成了 DID 技术的加密数字钱包，采用了分层确定性钱包设计思路，让用户能够真正享受到 DID 带来的便利。ABT 钱包开启了区块链应用的新篇章：任何人都可以通过这一数字钱包对自己的身份和数据享有完整的控制权，并安全、轻松地管理和使用自己的数据，如图 9 所示。

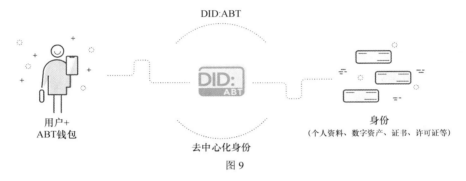

图 9

什么是 DID 呢？简而言之，DID 指的是一种新的身份标识，它完全由所有者控制，不需要任何中心化的第三方参与（详情可参看 W3C DID 规范）。这意味着关于你身份的任何信息都完全掌握在你自己手中，没有你的许可，任何人都无法获取这些信息。

虽然 ABT 钱包引入了 DID 等诸多创新技术，但使用起来非常简单。今天，让我们一起来看一看如何玩转 ABT 钱包。

管理资产

与许多现有的加密钱包一样，ABT 钱包可以用来管理加密资产，包括不同类型的加密"货币"。在 ABT 钱包的设计中，所有的数字交易都可以被当作资产。在这里，"资产"的定义远不只是金钱和货币。在 ABT 钱包里，一切都可以成为资产，例如活动门票、电影票、证书、许可证等。用户对自己所持有的资产有绝对控制权，能够接受和拒绝任何想要查看资产信息的请求。

登录

ABT 钱包将 DID 引入现实世界，在产品中实现了用户 DID 体验。任何在 ArcBlock 上的服务、应用或产品都可以立刻与 ABT 钱包互动。

我们为什么需要 DID 来登录呢？因为 DID 可以保护数据的隐私和安全。如果将身份信息存储在一个中心化的服务中，那么用户无法保证自己的隐私或数据没有被平台、他人或黑客无意泄露或恶意使用。这就是每次当你想用这些信息登录时，都必须走一遍授权登录的流程的原因。

有了 ABT 钱包，你就可以直接登录了。如果你希望拥有多个在线身份和个人资料，那么 ABT 钱包也能满足需求：可以在 ABT 钱包中创建任意多个身份和个人资料，并轻松管理它们。如果你想要访问一个新的应用或服务，只需要在登录时选择一个和身份对应的个人资料（见图 10）。除此之外，你还可以决定哪些信息与服务提供者共享，并决定接受或拒绝请求。

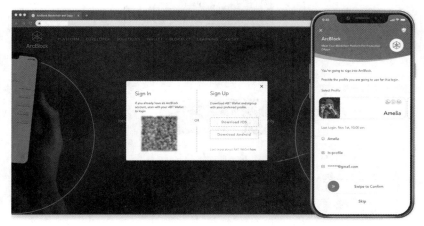

图 10

从此以后，用户不再只是为中心化互联网平台近乎免费地提供数据，而是能够绝对地控制自己的数据。

完成交易

ABT 钱包其实是为即将到来的去中心化互联网而准备的。有了它，你不仅可以用 DID 登录，还能完成各种交易。如果另一方不需要你的额外信息，你甚至可以直接完成在线交易，而无须登录。

例如，如果你想买一张黑客马拉松活动的门票，则只需扫描该活动的二维码，如图 11 所示。

图 11

然后滑动确认交易。在这个过程中，ABT 钱包使用你的 DID 生成了这个交易上的签名，证明你同意支付 3 TBA 来购买这张门票，如图 12 所示。在 ABT 钱包看来，门票也是一种数字资产。

图 12

在确认交易后，ABT 钱包会将该交易发布到区块链上进行验证。验证过程是为了确保满足购买者签名有效、购买者账户有足够的余额支付门票、门票仍然可用等条件。一条有效的交易意味着一切正常。如果是这样，则你会看到门票出现在钱包（见图 13）中，因为它现在已经是属于你的了！

图 13

持有证明

通常在现实生活中,我们会有这样的烦恼:如何证明一些事情而不向世界暴露我们的隐私或个人信息。例如,我想证明我拥有机票,就要把机票上的所有信息展示给别人看。但其实对方也不想知道这么多信息,现在完全可以有更简单的方法证明我有这张机票,而不需要让别人知道我的座位号和航班信息。

ABT 钱包能完美地解决这个问题:如果你想证明自己拥有这项资产,则只需扫描一个二维码,另一方就可以在持有你的票据的 ABT 区块链上验证你的资产地址,这样就可以立即确认你的资产存在,而不必提供任何敏感信息。

使用你的资产

当你来到黑客马拉松活动现场准备入场时,检票人员需要将门票标记为"已使用",这就是一个 ABT 钱包"使用资产"的例子,如图 14 所示。

图 14

像之前提到过的,这是另一个需要确认的交易。ABT 钱包将帮助你选取所需要的资产。滑动确认条,ABT 钱包会生成你的签名,来确认完成使用这张门票的交易。交易完成后,你就不能再将门票转售给其他人或重新使用了。

在你的 ABT 钱包中,这张门票被标记为"已使用",如图 15 所示。

图 15

这只是去中心化互联网应用的冰山一角。ABT 钱包希望通过以上例子帮助你认识到除了你自己,没有人比你能更好地管理你的数字身份。收回你的数字身份控制权,就从今天开始。

星系⑤：去中心化应用

什么是去中心化应用

去中心化应用的五大制胜关键

Apple 产品的去中心化变迁

开发 DApp 需要思考的 4 个问题

什么是去中心化应用

2019年加密"货币"市场依然低迷,"公链"危机却接踵而至。去中心化应用(DApp)一时间成为熊市寒冬里的希望,不断有各种自称DApp的博彩类游戏日创千万交易流水的消息传出。那么,究竟什么是DApp呢?

非常遗憾的是,DApp也许是继"区块链"之后又一个定义不明、令人费解的词语。在Google搜索"DApp",第一页几篇阅读量很高的文章所罗列的关于什么是DApp的观点都充满了各种误解。而自称DApp的某些应用的出现让很多人失望,难道被行业吹捧为未来的应用就是这样?

顾名思义,DApp的最大特点应该就是"去中心化",但是什么是去中心化本身就让人迷惑。如果连什么是去中心化的概念都模糊不清的话,那么讨论去中心化有什么好处、为什么要去中心化,以及怎么开发DApp就非常困难。

我们一直生活在"去中心化"的世界里

其实,我们一直生活在去中心化的世界里,每个人都是独立的个体,我们的大脑并没有像科幻电影《黑客帝国》(*The Matrix*)描绘的那样连接着"母体"被其统一控制,但是我们却可以成功地交流、分工和协作。

个体在去中心化的世界里能够展开协作,关键在于个体之间能够互相"通信"和产生"共识"。人和人之间可以通过听觉、视觉、触觉等感觉进行通信,我们的语言文字就是一种"通信协议",通信产生的认知中有一部分形成了共识。人类共识中的"时间"是不以任何人的意志为转移、对所有个体同步并不断前进的尺度,一旦过去就不可改变。区块链则是计算机系统结构里非常接近人类社会的一种设计。按照这一思路理解,你会发现两者有惊人的相似之处,最大的区别是现实世界没有一个可以查阅的公共"账本","有据可查"的都是时间长河中一些人为记录的片段。

从现实世界去中心化的运转方式出发,我们毫无疑问能够建立去中心化可行的信心,也更容易认识和理解去中心化的确能解决相当多的问题。无论如何设计系统,当系统最终到达用户那里的时候,任何信息还是不可避免地回到人类"去中心"的大脑之中。

通过观察人类社会、语言、文化、城市、国家的形成和变迁,可以帮助我们思考和决策。在 ArcBlock 产品的设计过程中,我们始终这样分析问题和辅助设计,我们也常常研究城市经济学来为设计经济模型汲取灵感和参考。

"中心化"和"去中心化"是相对的

"中心化"和"去中心化"是相对的,而且存在从不同角度观测引出不同结论的可能性。就以比特币为例,"比特币是去中心化的"和"比特币是一种去中心化的加密'货币'应用",这些可能是业内高度一致的共识。

从比特币的网络拓扑结构来看,比特币的节点多而分散,工作量证明的"挖矿"机制导致攻击比特币需要有超过全网 50%的算力,少数节点的被攻击、崩溃,或被关闭都不会影响整个比特币网络的安全和正常运行——这说明比特币网络是去中心化的。

然而,从比特币的软件开发和发行角度来看,只有 Bitcoin Core 团队发布的比特币新版代码才被公众认可接受。虽然他们的团队最近公布了采用系列措施确保代码发布的流程安全、可靠的方法,并且采用开源的方式让人人可以参与贡献、人人可以分叉后修改,但是从软件发行升级角度来看,这是比较中心化的。

比特币作为一个应用来看,被设计为一个"点对点的电子现金",比特币的钱包地址由用户自主产生,不需要任何人发放和批准,没有私钥则任何个人和组织都无法夺取用户的比特币。比特币的转账不需要任何第三方的介入,其他任何个人和组织无法禁止或篡改交易。比特币的交易记录在比特币的区块链上永久保存,没有人能够篡改、删除和隐藏。这说明比特币本身是一个真正的去中心化应用。

耐人寻味的是,正是因为大众认可比特币的网络高度去中心化,导致大家都认可比特币这个网络服务——全世界只有一个比特币。从这个角度来看,比特币又是高度中心化的。这就非常有趣,在一个系统从某个角度高度去中心化后,从另一个角度看可能正是其他角度的去中心化使这个角度又中心化了。因此，任何中心化和去中心化的划分和定义都不是绝对的，而是相对的，甚至是不断演变的。从不同的角度去审视，去中心化和中心化其实是错综交织的。从这个角度来观察人类社会的语言文字，就会发现它们整体上非常去中心化，但从另一个角度看则非常中心化。

"去中心化应用"的前世今生

计算机软件应用的发展过程就是这样一个"中心化—去中心化—再中心化—再去中心化"的演变过程，一如辩证法所描述的事物经历"肯定—否定—否定之否定"、螺旋上升的发展变迁过程。

最早的计算机软件毫无疑问是"单机"软件。字符终端和分时系统的出现，让一台处理能力较强的计算机可以带着多台字符终端让多人同时操作。那时的软件应用的方式相当中心化，那些字符终端被称为"哑终端"，它们离开主机什么也不能干，软件完全运行在中心计算机上。

个人计算机时代的降临迎来了第一批真正意义上的去中心化应用。是的，不必惊讶，我们曾经熟悉的各种单机软件从某种意义上而言全部是去中心化应用。在那个时代最重要的协议是"文件"，这一最古老的计算机"协议"直到今天仍然深深植根于计算机文化之中。我们无法考证最初设计发明计算机文件的人是如何思考的，但是可以感觉到他们一定也参考类比现实世界来设计。计算机的文件和"文件系统"相当大程度上来自对现实世界的模仿。有了文件这样的协议，分散在无数个人计算机上的应用就有了共同的沟通"语言"，通过文件可以安装新的应用，而应用产生的结果也必须通过文件来传播给其他的应用。

互联网的诞生，源自美国国防部的研究项目 ARPANET，其设计目的就是实现足够健壮、能容错抵御甚至经受住核打击这样的灾难性后果。为达此目的，Internet 将去中心化思想根植于设计理念之中，很多早期的互联网协议，包括 TCP/IP 都是以去中心化思想为基础来设计的。互联网的早期应用也体现出强烈的去中心化思想，不仅仅是因为互联网设计的去中心化理念，而是在于当时大量的软件本来就是单机的，其网络化的第一步，最现实不过的就是用网络可以更好地交换文件，这比通过磁盘、磁带的效率更高。

最早一批使用网络的应用，有相当大的比例建立在"网络文件交换"的基础之上，流行至今的 HTTP 也不例外。当用网络文件交换这种方式越来越不能满足需求的时候，一种称为"客户机/服务器架构（C/S 架构）"的网络应用模式开始流行。这种架构出现在前互联网时代，以企业应用为主,而且至今仍然没有过时。C/S 架构是从去中心化变得中心化一些的演进,但是每个具有 C/S 架构的系统、客户机和服务器之间基本都"讲"着不同的"语言"(协议)。浏览器诞生之后,人们开始意识到浏览器就是一种能理解更普遍标准的语言(HTML)的通用客户机,这使应用可以更加中心化,从而更容易开发、部署和维护,于是"浏览器/服务器架构"(B/S 架构)这样一个更为中心化倾向的模式开始流行。形成这一趋势的一个重要原因是网络带宽和计算机的处理能力不断提高,价格却在不断下降。

互联网应用的中心化演变之路

协议是去中心化应用的关键。在 PC 时代,让如此多的个人计算机软件能够去中心化的最重要协议就是文件,而文件这种协议直到今天和未来都还将长期延续下去。互联网时代最重要的协议是 TCP/IP 族以及构建在其上的更多应用协议,这些开放的协议使全世界的开发者一起构建了今天的互联网。

顺便说一下,有不少人认为去中心化应用必须"开源",我认为这是一个误解。正确的理解是,去中心化应用的协议必须是开源的,而对于这些协议的实现以及协议以外的事情,开源与否其实并不重要——一些场合可能适合开源,而另外一些场合也许不开源更恰当。TCP/IP 发展起来的时候,"开源运动"还没有诞生,但是各方非常注重协议和标准的设计(早期的软件设计由于资源有限比今天往往更为严谨和准备充分),那个时代的协议以征求意见(Request for Comments,RFC)的形式制定,这是民主、去中心化设计软件的优良传统。直到今天,这些由 RFC 定义的很多规范和协议还影响着我们的日常每一天。

是什么导致了互联网应用的逐渐中心化

为什么互联网这 30 多来步步背离其去中心化的初衷?最早作为军事用途的互联网协议的设计者没有在协议层面考虑太多"价值"传递、分摊和"收费"机制的问题,任何底层协议都是"免费"为上层协议提供无条件服务的。在互联网进入商用后,各种收费的服务开始出现,上层的应用层协议有的产生了巨大的商业价值,但这些商业价值的获得者不需要为下层的任何技术和协议付费,他们更是利用这些收益来生产更加封闭的系统让自己的利益变得更大。

互联网的高速成长使市场没有时间去对这种价值分配的不公平进行调整,反而加剧了互联网行业越来越中心化的问题。凭借网络效应和连锁效应发展壮大的互联网平台，对用户及应用数据的掌控和利用方式列举如下。

1. 封闭的用户体系

"互联网思维"的发展模式使各家公司都试图大量获得用户，收集用户的各种资料信息，再利用这些用户数据进行广告推广来获益。这使各家公司都排他性地抢夺占有用户，试图把用户尽可能长久地锁定在自己的系统平台之中。

2. 重复"造轮子"形成竞争壁垒

大量重复"造轮子"，并用这些互不兼容的轮子来形成所谓的"竞争壁垒"，这其实严重违背了 Internet 和 Web 最初的精神，如今却成为互联网公司最常见的竞争手段。这一结果导致我们的手机上可能有 10 个不同的消息应用、10 个不同的银行应用、10 个不同的电影应用……而它们的作用其实几乎是一样的，只是服务商不同。

3. 用户锁定和数据锁定

无偿或极其廉价地占有本来就属于用户自己的数据，不允许用户迁移数据或者制造各种障碍让用户迁移不便，用这种方法来"锁定"用户。

4. 协议锁定

不遵守协议、不开放协议，或只提供部分协议来制造"开放"的假象。利用"开放"的假象来获取用户，用"不开放"的现实来增加用户迁移的难度和成本，把用户锁定在自家。

2005 年涌现的"Web 2.0"运动是桌面互联网时代距离去中心化最近的一次。网络日志（Blog）是去中心化的媒体，采用的是 RSS 这样一个简单而开放的协议。当时以个人为节点的社交网络蓬勃兴起，FOAF 协议、Microformat、OpenID、OAuth 等都是在那个时代兴起的开发标准。

遗憾的是，Google 与 Facebook 策略性地扑灭了这场去中心化运动之火，反而把互联网的中心化推向了极致。

当然，Google、Facebook 也贡献了不少开源的产品，但这些产品中有很多到了区块链时代又成了可以反击它们的利器。比如比特币采用的 LevelDB 是 Google 的产品，以太坊和 ArcBlock 采用的 RocksDB 是 Facebook 的产品。

区块链带来的"去中心化"演变之路

互联网的发展步步走向中心化,既有技术进步的原因,也有商业发展、用户习惯演变等带来的结果的原因。而区块链技术也是在计算机和互联网技术不断发展成熟之后才进化而成的。如果没有互联网带宽和计算机性能的飞速提升,区块链不会出现,也没有实现的基础和能力。

区块链带来的演变使应用重新向去中心化的趋势走去。导致这种现状的除了技术的发展,还有其他的因素和事件:一次次的用户隐私数据泄露带来的巨大损失、Facebook 等公司对隐私问题的漠视、欧洲《通用数据保护条例》(General Data Protection Regulation,GDPR)的执行等,让越来越多的人再次意识到去中心化的价值。

区块链和 DApp 要真正成功,就要根治互联网中心化垄断的四大问题,做到以下几点。

- 统一的、自主的、去中心化的用户身份。
- 数据完全属于用户,用户拥有自主权。
- 大量地重用轮子,而不是不断再造。
- 完整和全面的开放协议,尽可能保持向前兼容(不产生无谓的分叉)。

"去中心化应用"和区块链、通证之间有没有必然关系

如果认可之前的论述,那么你一定也会同意 DApp 和区块链、通证其实没有必然的联系。但是真正让 DApp 这个名字耳熟能详的,恰恰是区块链和通证。

讽刺的是,今天大多数宣称自己是 DApp 的应用根本没有任何去中心化的属性,大部分应用只是使用了区块链的中心化应用,它们大多只是利用了区块链智能合约的一些属性。

比如加密猫(CryptoKitty)这样的游戏类应用,它只是使用了以太坊 ERC721 的特性,而整个游戏的前端、设计都和一个传统 Web 游戏并无太大区别。其最大特色是用以太坊的智能合约来保证这些加密猫的唯一性和独特性。

某些游戏也是利用智能合约让用户误以为游戏"公开透明,无人能幕后操纵"而参与其中,殊不知相当多的这类游戏由于代码设计或区块链技术不成熟等问题,更易遭受攻击从而

被窃取加密资产。这些游戏其实比传统游戏更不合理、不公平,甚至更不安全。我相信未来一定会出现可玩性非常强、充分利用区块链的去中心化游戏。

"去中心应用"为什么还没有被"引爆"

任何新生事物的"引爆"都少不了漫长而黑暗的前夜,很多人只看到了爆炸式增长的阶段,往往忽视了爆炸所需势能的缓慢积蓄过程。

iPhone 问世之前,智能电话的概念已经出现了超过 10 年的时间。2018 年引爆全世界的比特币的理念诞生于 2008 年,而在此之前至少还有 10 年以上的时间里不同的设计尝试没有取得成功。

从彼得·蒂尔(Peter Thiel)的著作《从 0 到 1》(*Zero to One*)可以知道,一个新产品要能获得高速增长,必须比现有的方案好 10 倍以上。现在的 DApp 所依赖的区块链环境还非常原始。EOS 的确是比以太坊更"快"了,但是更"好"的还是更"坏"的方案,目前还没有定论,而其他复制模仿以太坊的公链更需要时间和结果来证明它们究竟能否奏效。

诚然,今天的区块链技术还处于"婴幼儿期",尚未产生成熟的技术,尤其是应用平台没有能力来承载成功的去中心化应用。但是,ArcBlock 以及其他技术团队正在夜以继日地努力,尽快让这种困境变成历史。

"去中心化应用"必须因打破规则而获得不对称的竞争优势

对于大众来说,他们不会因为去中心化而爱上一个应用,只会因为这个应用解决了他们的问题而使用它。

因此,应用绝对不能为了去中心化而去中心化,去中心化应用的关键是找到一个需要解决的问题,这个问题用去中心化的方法来解决比其他方法好上数倍,或者因此而获得了不对称、类似"碾压"的竞争优势,或者因此而打破了现有的规则。如果能够回答这个问题,那么恭喜你,这个去中心化应用不火也很难。

例如,比特币作为一个点对点的加密"货币",打破了无数条规则,也解决了一些切实的痛点。因此,比特币和 PayPal 等传统的数字"货币"或支付相比,具有不对称的竞争优势。

虽然比特币很慢，用起来很麻烦，但在过去的 10 多年里还是得到了飞速的发展。

今天的计算机应用、互联网应用，其实离完美还有很远的距离。如果我们能从"打破一切规则"的角度来思考，那么可以发现非常多切实可行的场景都可以用去中心化的方法更完美地解决。有些问题其实一直是人们的梦想，但在区块链诞生之前这些梦想在技术上还没法实现。因此，我们为了实现梦想而设计了各种妥协方案，有些妥协如此成功，以至于大家忘记了这其实是妥协的结果。然而，如今技术可行，正是去解决这些问题的时机。

"去中心化"与否，不是用户关心的问题

去中心化更多是产品经理、开发者所关心的问题，而不是用户关心的问题。很多用户不明白也不关心什么是去中心化，以及是不是去中心化，而只关心能否解决他们的问题以及他们会不会使用。

"用户体验"是否重要？当然重要。然而，这并不是根本，用户不会只是因为"用户体验好"才爱上一个应用。但是如果一个能解决用户痛点的应用还同时具有好的用户体验，那么这才能称为爆款应用。

因此，去中心化应用的开发者和产品经理应该把注意力首先聚焦在发现问题、解决问题上，然后才是用户体验。尤其是应该关注如何才能让用户方便使用新的产品来解决他们的问题。

未来所有的应用都是"去中心化应用"

未来可能并不存在 DApp，因为所有的 App 都会是 DApp。

DApp 的核心基础并不是区块链，虽然区块链技术对未来 DApp 的实现非常重要。并不是用了区块链的应用就是 DApp，今天大多数声称自己是 DApp 的应用其实只是用了区块链，它们并不是去中心化应用。

为什么需要去中心化应用？因为它能带来一些中心化应用无法企及的能力和场景。去中心化应用不应该为去中心化而去中心化。有些应用天生需要中心化，其中心化解决方案无害而且性能更好，因此去中心化应用是针对那些真正有去中心需求的场景下的天然选择。

为什么今天没有什么去中心化应用？一个原因是，你没有意识到我们其实生活在一个去中心化的世界里，很多应用本来就是去中心化的。人类社会就是去中心化的存在，正如我们呼吸的空气，很长时间里人们并不知道它的存在。另外一个原因就是，过去技术不够成熟，10年之前，计算机科学家和工程师没有办法给出一个成熟的方案。这就是无数计算机科学家、工程师和创业者对区块链技术如此兴奋的原因，他们并不是因为加密"货币"可以炒作赚钱而兴奋，而是因为发现了新的处女地，可以披荆斩棘重构世界而兴奋……上一次有这种机会还是在互联网发展早期的时候。

去中心化应用的核心基础到底是什么？首先是自主个人身份，你的身份、关系、数据、资产等都是被你自己而不是任何其他人控制；其次是点对点的数字资产流动（加密"货币"以及其他通证）不需要中间人，不需要别人批准；最后是数据可迁移，你的数据你做主，想让谁用其他人才能用。这几个核心基础，只有今天计算机技术发展到区块链阶段才有实现的可能，而这些在区块链出现前实际上是无解的。

去中心化应用的五大制胜关键

前文从去中心化的确切含义、计算机软件应用发展历程的角度讨论了什么才是真正的去中心化应用（DApp）。那么，DApp 具备哪些基本特征？或者说，有哪些要素才能构成去中心化应用？

现在很多标榜着 DApp 的应用，只不过是用了一点区块链的应用而已，和真正意义上的 DApp 相去甚远。目前这些应用不是因为今天区块链本身的局限性，就是因为粗制滥造而导致整体的用户体验糟糕无比。不少应用根本没有实际价值。因此，这批伪 DApp 的用户活跃度最终下降、发展趋势持续走低也就不令人惊讶了。

DApp 必须具备的优势

DApp 要为大家所接受，首先必须具备今天常用的 App 的以下几大明显优势。

1. 免费

目前基于区块链的 DApp 往往要求用户做的第一件事就是要有通证。例如，以太坊的燃料费（Gas Fee，即使用以太坊平台支付的手续费），几乎任何操作都需要一小笔费用，而申请一个 EOS 账户也要花钱。虽然是一笔很少的费用，但这可能是妨碍用户进入的最大阻力，也造成了糟糕的用户体验。通过免费的方式让用户体验应用的价值，从而自然而然地转化为付费用户，这是传统软件及互联网行业过去几十年行之有效的方法。

2. 快速

从计算机和软件诞生以来，"更快""更方便"一直是用户默认的使用要求，而现在的区块链给用户带来的却是"缓慢"和"无尽的等待"。因此，DApp 要成为主流也必须提高性能，为用户带来更流畅的体验。值得注意的是，前一段时间区块链行业的"每秒交易量（TPS）大跃进"看似要解决性能问题，但实际上只是试图解决一部分问题，而整个应用要实现更快的用户体验则要从多个维度同时提升。

3. 用户体验

早期的软件、网站在设计和使用体验上对用户不是很友好。但近年来，移动互联网的普及使软件应用开发越来越重视用户体验，让用户越来越依赖直觉反应动作来操作使用。而今天的 DApp 由于技术的限制以及处于行业早期，其用户体验往往无法与传统应用相提并论。

4. 用户端容易安装

软件应用商店虽然出现的时间并不长，但极大地推动了软件的普及。如今购买和安装软件再也无须求助专业人员，任何人都能轻松搞定。而目前区块链和 DApp 没有专业知识技能则无法安装使用，这是导致 DApp 无法普及的一块拦路石。

5. 服务端容易部署

随着近年来云计算服务的发展，软件即服务（SaaS）、平台即服务（PaaS）让服务端的部署变得前所未有的容易。服务端易于部署对企业用户、大规模应用的普及非常重要。区块链应用想要得到大规模普及，必须和今天的云计算服务密切配合，让服务端的部署变得极为容易。目前，各大云计算厂商的可管理区块链（Managed Blockchain）或区块链即服务（BaaS）基本都在试图解决这一问题。

上述 App 具备的这些优势是 DApp 必须迎头赶上的入门条件，但是仅具备这些条件的 DApp 还不足以战胜传统 App。

当前 App 存在的用户痛点

首先我们得明白，DApp 不是为了去中心化而去做去中心化的设计，而是因为去中心化能给用户带来中心化所不具备的价值。在今天的技术架构上开发去 DApp，会比中心化更难。因此，必须在开始投入之前就考虑清楚去中心化带来的价值，及其可以取胜的要素。

1. 太多的账号，需要记忆大量的密码

"用户为王"是互联网思维的一条重要规则，服务提供商以用户数量多而取胜，并且逐渐

以获得尽可能多的用户信息为价值。互联网行业的投资收购常常用拥有多少用户账号和用户信息来作为估值的重要依据，这导致每家互联网企业更追求这样的产品和运营设计：尽可能掌控用户账号、获取用户尽可能多的信息。

这种设计给用户带来的最直观的麻烦就是，登录使用各种应用服务就有无数个账号，每个账号都需要记忆存储单独的用户名和密码。

2. 大量的数据失窃

为什么已成熟的数据加密方法体系在这些互联网应用服务中不能奏效呢？原因是用户数据在这些中心化平台的传统设计里并不属于用户。因此，一旦系统出现安全漏洞被攻击者突破，那么大量用户数据就有被黑客窃取的风险。

如果用户数据可以真正属于用户，那么现在的加密算法完全可以用来生成用户密钥对这些数据进行加密。这样的话，即使系统被攻击、数据被泄露，黑客获得的也只是加密的数据；哪怕黑客截获系统本身的数据，这些数据也和用户的数据及身份隔离。

3. 隐私危机

当每个应用都对数据和用户建立了对应关系，并且尽量收集到了详细的用户信息时，用户隐私保护就变得形势严峻。

一些服务的数据本来不存在太多的隐私问题，但目前互联网行业大量获取用户的作风和"套路"，使这些数据和用户数据相关联从而导致隐私问题。例如，搜索引擎分析用户的搜索习惯，如果这些用户资料完全匿名，那么这些搜索可能不会带来隐私问题。

4. 审查和封锁

这可能是让今天的互联网用户越来越不满的问题。现在的互联网封锁致使很多互联网服务商出于竞争私利而进行越位的审查或封锁。

5. 运营者关闭服务

很多时候让用户伤感的是，只是因为自己喜欢的服务方本身的经营难以为继，而不得不每天眼睁睁看着不同的服务关闭消失。对于某些服务，用户的数据（如照片、日志、生活中的回忆等）一夜之间就消失了，即便某些服务让用户在关闭服务之前有一段时间可以保存自己的数据，用户往往也只是获得一些原始的备份，再也无法继续拥有原来的服务。

6. 同质化、不互通的同类应用

移动设备让这些同质化应用的问题得到了一定的解决，这主要是因为移动设备从用户体验上通过统一通知（Push Notification）的形式，让 App 切换变得足够轻量快速。在 Apple iOS 的一系列产品中，如 News Stand、TV 等 iOS 内置 App 的理念，可以看到 Apple 在试图改进用户在互不相通的同类应用中切换的体验。

DApp 的 5 个制胜要点

上述这些 DApp 的用户痛点，如果 DApp 充分利用去中心化的特性和方式去解决它们，就有可能获得用户的青睐。DApp 如果具备以下几个特点，就有机会在未来的竞争中在用户体验、隐私和安全性等方面取胜，超越传统的中心化应用。

1. DApp 应该首先支持去中心化的用户身份

DID 是一种数字世界的自主身份，对应着现实世界中天然拥有的权利：我们每个人的存在和权益并不需要任何中心化机构的背书和证明。W3C 建议的 DID 标准正是这样一种个人自主数字身份。

而在越来越中心化的互联网世界里，本属于用户自己的身份和数据却经常被 Facebook 等公司获取，甚至滥用。这些平台泄露和滥用用户数据的丑闻也唤醒了大众对数字隐私和个人身份的重新重视。因此，支持 DID 的 DApp，在个人隐私、自主身份等方面会获得大量用户的共鸣和接受。

现在也有一些平台声称采用 DID，但是用户使用时仍然需要向此平台"申请"，这可能不是真正的 DID。任何需要你先注册一个用户 ID、登记某个通证之类才可以使用的 DApp，可能都不是真正的去中心化的自主身份的 DApp。

DApp 如果充分支持个人自主身份，那么不但对用户而言是一种价值，而且也能够团结更多其他的 DApp 以形成联盟。在互联网思维下，每个应用都试图"争夺"用户，因此很难形成真正意义上的合作。而支持 DID 的各个 DApp 都尊重用户 ID 属于用户这个基本原则，则不存在"争夺"用户的问题，更容易形成联盟和合作。

2. DApp 应该充分支持用户的数据可迁移性

任何 DApp 的用户数据都应该完全属于用户自己，因此用户可以自由地迁移。而实现用户数据可迁移的前提是 DID 的普及。用户可以自主许可或撤销平台应用对自己数据的访问和使用，这样就不会绑定在任何一家服务商上。

用户的数据不仅可以被用户自由授权给任何自己愿意提供的服务，还可以催生新服务的发展。创新的服务由于可以在用户授权下获得完整的数据，因此就不需要从头开始，反而有后发制人的优势。在这种情况下，竞争变成服务能力和质量的比拼，而不是谁锁定套牢用户数量更多的比拼。

数据可迁移性在很长时间以来一直是用户所期待的功能，但在过去由于技术、法律、用户普遍认知水平不足等诸多原因而一直未能获得长足发展。DApp 恰恰可以借助目前大众普遍批评警惕大公司侵害用户数据权利的情势乘势而起，在数据可迁移性的基础上提供优质的服务，从理念到服务质量上战胜传统应用。

3. DApp 充分利用数字资产的优势

和区块链一起成长的 DApp 充分利用数字资产的优势几乎是不言而喻的。但是何为"充分利用数字资产优势"？并不是发行一个数字"货币"就是充分利用。现在很多区块链应用为发币而发币，发了很多根本不必要的数字"货币"或通证，不但没有利用其优势，反而给用户体验造成伤害。

除了作为支付手段，其实数字"货币"还有很多可以被 DApp 利用的地方。例如，对于一个电商服务，除了支付，数字"货币"还可以用来打造用户积分体系，用数字资产来建立用户等级、信用等，还可以用数字资产来直接表征商品。在商品用数字资产来表征后，可以带来一系列优势，例如可以更有效地和第三方物流系统进行集成。

4. DApp 必须建立在开放协议之上

DApp 最需要的是开放协议，而未必是开放源代码。有时候开源是一种商业模式，开放源代码不等于开放协议和标准。尤其是开源，它对最终用户未必直接提供价值，有时反而为恶意分叉和攻击留有缝隙。

开放协议意味着只要大家遵循相同的协议就可以互联互通。互联网的成功建立在一系列开放标准协议基础之上，开源运动让技术发展高歌猛进，这使各种各样的设备、网络、服务和应用能够互相无缝地连接起来。

建立并遵循开放协议，也使商业分工更容易完成。DApp 应该出现众多 App 可以互相分工协作的情况，而不是像传统的 App 一样，每一个都是大而全的应用，而每个应用又大部分雷同。

从 Apple 的一系列 iOS 产品，如 Wallet、Home、TV，以及 News+中都可以看到这个趋势。我们并不需要一大堆类似的应用，而是一个支持多个服务的最好的 DApp。我们有理由相信，未来的 DApp 必然会出现一系列垂直领域，每个垂直领域可能会有若干个选择，而每个选择都可以支持大部分甚至全部的服务。

5. DApp 必须安装部署非常容易

DApp 的安装部署是否简单容易，这一重要性经常会被大家所忽视，而且这也是过去十几年来传统中心化应用胜出的一个重要原因，简单快捷的东西常常会赢得用户。一些 DApp，例如猛犸象（Mastodon）这个去中心化社交网络，可能是目前去中心化社交应用中用户数量最多的一个应用，但是用户如果想安装一个自己的节点，会迅速发现这是一个非常复杂的步骤，没有基本的网络、系统管理甚至开发经验，根本没有办法成功安装节点。

DApp 不同于中心化服务，所以往往需要很多用户参与网络和节点的建设之中。因此，要想让 DApp 能够普及就必须让其安装部署非常容易。通常一个好的 DApp 应该帮助开发者做到这些，而不需要开发者来考虑这些问题。

总之，DApp 并不是开创一片无人竞争的蓝海，而是必须首先和"旧世界"的中心化应用同场竞技，并战而胜之。用户并不会因为是否"去中心化"而去使用一个应用，而是因为这个应用对他有价值才会使用，去中心化是 DApp 的手段而不是目的。

Apple 产品的去中心化变迁

2019 年 3 月 26 日的 Apple 新品发布会上发布的 Apple News+ 服务抓人眼球。这是 Apple 推出的一项全新的新闻订阅服务，每月 9.99 美元（约 67.9 元人民币）就可以订阅来自 300 多种精品杂志的内容，横跨新闻、娱乐、商业、科技、体育等类别。

Apple 的某些设计到目前为止还有一个中心：自己。但是，Apple iOS 的诸多设计体现出了 Apple 设计师对去中心化应用的一个深入理解：去中心化应用必然走向应用的垂直化、专业化和产业链化。这和 ArcBlock 一直主张并坚持的去中心化应用的 5 个制胜关键在理念上完全一致：没有人喜欢自己的手机上有 10 个新闻应用、10 个短消息应用、10 个电视应用、10 个电子钱包应用……作为用户，我们希望选用一个市场上最好的新闻应用来看任何喜欢的新闻内容，用一个最顺手的消息应用和任何人通信。

除了 Apple News+，让我们来看一下 Apple 近年来在产品开发设计方面的一些动作，体会一下 Apple 是如何凭一己之力慢慢向去中心化方向推进的。

Apple Wallet

Apple Wallet 是从最初的 Passbook 演变过来的。Apple Wallet 看起来只是一个拟物的卡包，但实际上 Apple 这个卡包却整合了一系列银行卡、会员卡、航空公司应用等服务。Apple Wallet 更是提供了一套标准的 PassKit 框架，能让任何第三方应用很容易地把 Apple Pay 集成到应用中，把应用中可以用卡片方式呈现的内容放在 Wallet 里面。

在信用卡、支付卡部分，Apple Wallet 现在和 Apple Pay 紧密绑定，但在其他卡的部分则采用去中心化的设计思路，任何其他人只需要遵循 PassKit 协议就可以把卡片放入其中。ArcBlock 在设计钱包应用 ABT 钱包的时候，推出开源的开放钱包协议(Open Wallet Protocol)，其正是秉承了去中心化理念，让钱包产品彻底去中心化，这在思路上和 Apple Wallet 的设计非常接近。如图 1 所示，左部为 Apple Wallet，右部为 Apple TV。

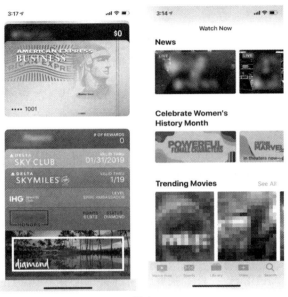

图 1

TV

Apple 悄悄推出的 TV 这一 App 整合了 iOS 上各种可以播放视频内容的应用，自然也包括自己的 iTunes。在一个应用里可以搜索到各个其他视频服务（如 Netflix 等）的节目并可以立刻开始播放：如果是 Apple 自家的内容，则可以立刻播放；如果是别家的，则可以立刻打开对应的应用去播放；如果还没有安装应用，则 TV 也会引导用户去下载。

Apple TV 的目前版本其实更像一个目录和内容搜索工具，播放时还是要用户去往其他应用，而那些应用往往需要用户注册登录或购买额外的会员资格。其实 Apple 在 iOS 层级提供的媒体播放框架是任何其他 iOS 媒体播放器的基础，大多数 iOS 上的 App，无论是流媒体直播还是播放文件，都受益于 Apple 提供的非常完备的媒体框架，开发者本身需要设计开发的仅仅是界面、登录方式等。但是在 TV 这一 App 里，Apple 只允许自己的内容直接播放，这显然不是出于技术方面的原因。

这两年在区块链技术的落地摸索中，内容与区块链、通证的结合是一个重要方向，两者的结合给用户带来的价值也是非常明显的,现在的难关其实不是技术问题,而是商业问题。我们看到了很多企业客户在内容通证化方面的业务构想,ArcBlock 其实可以提供有效支持,但能否付诸实施,还有待于如何与现实的商业结合落地并推进。

Home

风靡一时的智能家居目前呈现群雄割据的市场态势,为使用各种"智能家居"产品,用户必须安装大量的不同应用。

图 2 所示为 iPhone 上的一个智能家居应用分组,从电灯、插头、空调到门锁……多个 App 在使用时非常不方便。Home 试图把这些应用全部统一起来,但毫无疑问会遭遇很大阻力,因为目前互联网思维盛行,每个智能家居厂商都想通过自己的应用完全掌控用户。

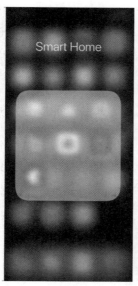

图 2

而 Apple 的 Home 试图建设一个应用集散地,支持任何与智能家居相关的 App。任何支持其协议的应用都可以在 Home 中有一席之地。例如,小米生态有很多不错的智能家居硬件产品,但没有支持 Home,而网上有开源的实现,可以用一个价值几十元的树莓派(Raspberry Pi)就把小米的设备全部加入 Home 来管理。从这个角度而言,Home 的设计是比较去中心化的,任何支持其协议的产品都可以不需要事先征得 Apple 的同意就入驻 Home。

其实，区块链和智能家居产品的结合是非常自然的，也符合用户的需求。在不久的将来，借助区块链技术和通证机制，智能家居设备将变得更加快捷、方便和安全。更重要的是，能够开创更多的商业模式。但这一切首先需要智能家居厂商不为传统的互联网思维所惑，不再把用户和数据绑定当成自己的经营"资本"，而是拥抱去中心化，发展立足于服务用户的商业模式。

未来的 Apple 是否会利用区块链技术把自己这个巨无霸平台转变得越来越去中心化？目前，我们尚不得而知。但是，让用户自主掌握自己的身份、数据和资产，能够在开放标准下无缝迁移自己的数据和资产，流畅切换自己需要的应用服务，这样一个去中心化的互联网未来，正在为越来越多的开发者和企业所看好。Apple 从产品设计层面迈出了小小的第一步，也激励更多的创新者朝这个方向努力前进。

开发 DApp 需要思考的 4 个问题

本文记录了 2019 年夏天一位计算机专业在读大学生在 ArcBlock 实习 4 周时，开发一个和自动贩卖机有关的 DApp 的思考过程。

众所周知，自动贩卖机既然卖东西，就需要账本。为什么要开发自动贩卖机信任账本这个 DApp 呢？因为运营一台自动贩卖机往往需要多方的参与（见图 1），不但有贩卖机的运营方，还有贩卖机的制造方、商品的供货方，以及场地的租赁方，并且每一方都定期对销售利润分成。因此需要用一个大家都信任的方式来进行记账。

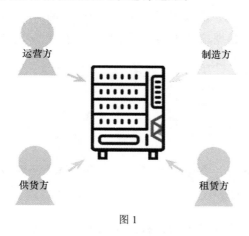

图 1

在动手开发这个 DApp 之前，有 4 个问题需要考虑。

为什么要用区块链

为什么不用现有的数据库呢？因为数据库里的数据容易被篡改。区块链从本质上来说，是一种分布式的、不可篡改、高透明度的记账系统。它能够提供一种低成本的计算机信任方式和机制，能保证账本具有真实性，确保每一方都能公平地获得属于自己的利润。因此，我们需要区块链提供信任账本。

上述讨论其实回答了我们开发 DApp 前需要思考清楚的第一个问题——为什么要用区块链？区块链虽然越来越火，但应切忌盲目跟风、为区块链而区块链。目前已经有很多完善、成熟的技术可以非常方便地解决真实生活中的种种问题。所以，开发 DApp 必须定位清楚：我们的应用为什么要用区块链。

链上还是链下

DApp 的哪些部分需要用区块链处理，哪些部分要用传统的方式处理？也就是说，要构思清楚哪些信息要放在链上，哪些信息要放在链下。

信息上链意味着所有节点都将存储这些信息，开发和运营成本都比较高。因此，好钢要用在刀刃上，要将最有价值的信息上链，而其他事情就用传统的方式来做。

就自动贩卖机 DApp 而言，因为需要区块链来保证其账本的不可篡改性，所以只需要在链上完成记账，也就是记录数据这个步骤。至于账单如何生成、如何呈现给相关方，就通过链下的方式来解决。

发链还是跨链

需不需要为这个 DApp 发一条新链？还是在原有的链上开发应用，或者考虑跨链？这个问题取决于我们对项目的设计和规划。

自动贩卖机 DApp 是一个全新项目，数据体量也不大。如果接入现有的链，则意味着需要同步大量与应用无关的数据。使用 ArcBlock 框架发一条新链非常简单，并且可以对这条链进行配置，因此这里决定发一条自己的新链来进行开发。

需要创建钱包吗

最后一个问题，需要创建钱包吗？在 ArcBlock 框架里，钱包的概念等同于账户，钱包是链上所有行为的发起方，或者是接收方。另外，ArcBlock 框架里发生的所有行为都被称为 Transaction，英文直译为"交易"，意译可理解为"事务"，它是链上最小的活动单位。在自动贩卖机 DApp 里，我们希望通过贩卖机的账户在链上发送账单信息，同时相关方的账本里会有这笔账单的记录，因此需要为每一台贩卖机和每一位相关方创建钱包账户。

思考清楚以上 4 个问题，就可以开始为自己的 DApp 建模了。即将开发的自动贩卖机 DApp 共由以下 3 个部分组成。

- 账单的生成：模拟现有的贩卖机系统，随机生成账单信息。
- 账单的记录：通过贩卖机的钱包账户将这些数据发送到链上。
- 账单的呈现：通过调取链上的数据，在链下整合后通过 PC 端平台来展示。

第一部分和第三部分主要依赖链下的技术，而第二部分"账单的记录"，就是链上的了，如图 2 所示。

我的DApp——自动贩卖机的信任账本

账单的生成	账单的记录	账单的呈现
传统系统→生成账单信息	自动贩卖机的钱包账户→发送数据到链上	PC端平台→展示账本

图 2

如前所述，链上的一切行为都称为交易——创建钱包算一个交易，转账也算一个交易。如何定义一个交易？交易的定义是通过智能合约来完成的。ArcBlock 框架为开发者提供了很多常见的智能合约，例如钱包的创建、转账、交换资产等。同时，ArcBlock 框架简化了编写部署智能合约的过程，通过提供模板化流程的方式让开发者可以轻松定义新的智能合约。

为了满足自动贩卖机 DApp 的需求，我们创建了一个新的智能合约"合并交易"以满足贩卖机记账的需求：当贩卖机发起这个合并交易时，该交易会为链上发送商品的信息，例如商品的名称、价格、消费时间等，以及商家的信息，例如运营方、制造方、供货方和租赁方的钱包地址等。而且，合并交易发送成功后，不但这些信息会永远地记录在链上，同时，相关方的钱包账户里也会更新相应的利润金额。合并交易的流程如图 3 所示。

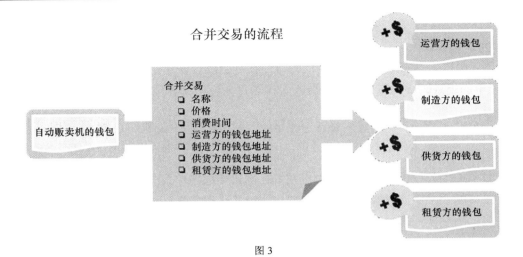

图 3

至此,一个 DApp 的基础功能和框架就设计完成了。

星系⑥：区块链开发实战

跨越区块链技术鸿沟的开发框架

图解区块链开发框架

快速上手：如何一键发链、创建 DApp

如何部署 ABT 链网

跨越区块链技术鸿沟的开发框架

有了自 2009 年以来的发展铺垫，区块链技术就有了扎实的理论基础，比特币、以太坊及其后继者给人们展现了数据公开可验证且不易篡改的独特魅力和无穷潜力，于是一个又一个 DApp 应运而生，一条又一条"公链"相继问世。AI 工程师自嘲是调参工程师，其实很多区块链工程师才是真正的调参工程师。

然而，喧嚣散尽，留下一地鸡毛。区块链技术陷入了某种尴尬的境地：它站在舞台中心，一颦一笑都牵动着媒体，可衍生的产品却无人问津。我们知道，用户愿意使用一个产品，一定是产品抓住了用户的痛点或者痒点，让用户另眼相看；开发者要能开发出抓住用户的产品，他们自己必须对产品有深刻的理解，有合适的工具来开发产品，并脚踏实地地真心做事；而用对了工具，往往可以释放巨大的潜能。iPhone 诞生前，人们对手机应用的理解是 Nokia S60 或 Microsoft 的 Windows Mobile。Ruby on Rails 起势前，Web 开发相对低效。

我们要解决这个流程中缺失的环节，否则很难开发出让用户喜爱的产品。如果一直不能开发出让足够多用户愿意长期使用的产品，那么可能很难出现区块链时代的"杀手级"应用（就像 Google 之于互联网，微信之于移动互联网），也就很难更进一步，让区块链技术跨越鸿沟，进入主流市场。

这条横亘在主流用户和区块链技术间的鸿沟（见图 1）是 ArcBlock 框架的历史机遇。我们热切地希望做到以下几点。

- ArcBlock 框架提供从构建应用链到开发应用链的一整套工具，让 DApp 可以按需定制。
- 让用户完全拥有自己可控的 DID（我们完整支持 DID 协议）。
- 每个 DApp 都有自己的应用链。
- 应用链上运行什么样的智能合约，完全由链决定。
- 应用链可以在利益相关人达成共识后，"自动"更新节点的软件，或者更新某个智能合约。
- 应用链运行起来之后像一个去中心化的应用服务器，支撑链上运行的应用。

- 开发者可以像开发一个互联网应用那样轻松开发 DApp。
- 最终用户对链尽可能无感知。

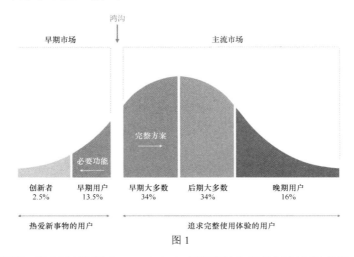

图 1

经过一年的积淀、半年多的努力，ArcBlock 框架终于成型（虽然还有很多可成长的空间），并且我们为开发者精心准备了 JavaScript、Python、Elixir、Erlang 等几种语言的 SDK。

为了展示 ArcBlock 框架和其 SDK 的强大能力，ArcBlock 研发副总裁陈天在某次演讲中做了以下 3 个演示。

- 一键发链：发了一条真正生产环境可用的链 Sisyphus。ArcBlock 发布了一条有 5 个验证人节点、3 个哨兵节点并且自带区块浏览器和 GraphQL Playground 的应用链，它构建在 AWS Spot Instance 之上，用 Application Load Balancer 做 Web 流量负载均衡（主要是提供区块浏览器支持以及 GraphQL API，以便钱包应用可以很方便地访问），并自动设置好域名并使能 HTTPS——这才是真正的一键发链。本地初始化一个节点，只需一条命令，就可以无障碍加入这条链。
- 在本地节点加入 Sisyphus，可以使用 Elixir SDK 来访问链上的基础数据，然后完成钱包的创建和转账。
- 真正把这条链转化成一条应用链。用几十行代码写了一个简单的生成证书的智能合约，然后将其热部署到 Sisyphus（为演示方便，直接使用了一个拥有特权的账户部署，正常情况下应该走投票的流程）。加载完成后，Sisyphus 这条链就支持生成证书了。在演示中，演示者假设自己是克莱登[①]大学的校长，用 Sisyphus 生成了一个学位证书，然后将其以 10 个 TBA 的价格出售给用户 tyrchen。

[①] 克莱登大学是小说《围城》中虚构的一所骗子学校。

图解区块链开发框架

什么是 ArcBlock 区块链开发框架

犹如 Ruby on Rails 是一套构建 Web 应用的框架，ArcBlock 框架是一套构建区块链 DApp 的框架。区块链可以简单地理解成数据库，即公开可验证的去中心化数据库，如图 1 所示。

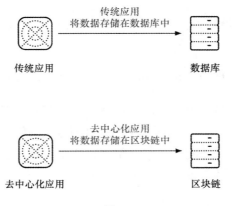

图 1

传统的应用把数据存储在数据库中，DApp 把数据存储在区块链中。

构建一个 DApp 相对于构建传统的应用要复杂许多，要先搭好 P2P、共识算法、网络协议等一系列底层的架构，然后才编写用户逻辑来实现业务需求。ArcBlock 框架作为一个基于区块链构建的 DApp 框架，已经将大量的工作做好，并且提供了一套接口供应用程序调用。对于一名应用程序的开发者而言，只需关心自己的业务逻辑，ArcBlock 框架会将数据保存在区块链中供应用程序使用。

什么是区块链

ArcBlock 框架有一些概念源自区块链，而很多开发者对区块链并不是很熟悉。这里介绍一些基本的概念，有助于之后对开发的理解。

区块链就是一条由区块组成的链，它其实是一种数据结构（见图 2）。它的样子有点像链表。链表可以存储一些简单的数据，那区块链中存储的数据是什么呢？答案是 Transaction。

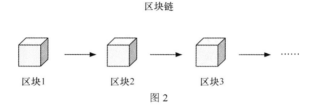

图 2

什么是 Transaction

Transaction 指交易，简称为 tx，是存储在每个区块中的数据。

一个区块由区块头和内容组成（见图 3），区块头中保存了块高、上一个区块的散列等信息，而内容则是一个个的 tx。为什么区块中的数据叫作交易呢？这是因为在世界上第一个区块链项目比特币中，每一区块中存的就是一笔笔比特币交易记录，所以后续的各种区块链项目都用交易来作为区块链中的数据。

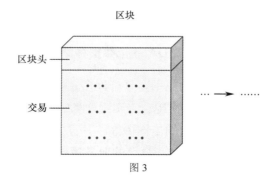

图 3

ArcBlock 框架中的概念

当我们要开发一个有用的应用程序时，通常会涉及用户，用户会创建一些资产，并且对这些资产进行交易。ArcBlock 框架将这些行为抽象为两个基本的概念。

- Account：账户。
- Asset：资产。

Account 就是传统应用中账户的概念，只不过在传统应用中，一个用户账户是用用户名和密码来创建的；而在区块链的世界中，用户账户是由钱包地址和私钥来创建的。

为什么不用用户名或密码来创建用户账户呢？因为在区块链的世界中，其实是没有用户登录概念的。在传统的应用中，用户登录成功后可以进行一些操作，比如转账、发微博等。在比特币中，用户之间是如何在不登录账户的情况下进行转账的呢？答案是通过数字签名，即将转账交易用比特钱包的私钥进行签名后发到区块链上，如果这个签名的交易经验证有效，则一笔转账的交易就算完成了。因此钱包的概念也是比特币引进的。

Asset 则用来表示任何事物，可以是一篇文章、一张图片、一幅地图或是一个证书。Asset 可以由某个用户创建，或者由应用程序来创建。一旦创建，Asset 就可以用来进行交易、使用等，具体做什么取决于应用程序。

ArcBlock 框架中的 Transaction

前面说到，比特币中有且仅有的一种 Transaction 就是转账。ArcBlock 框架作为一个全功能框架，支持十几种 Transaction，包括创建账户、创建资产、转账、交换等。每一次事件的发生，都等价成将一个个的 Transaction 发布到链上。

若开发者想在区块链上进行开发，归根结底就是通过 ArcBlock 框架在区块链上发布一个个的 Transaction。

我们知道，当 ArcBlock 框架启动之后，便是一个单独的操作系统进程。开发者开发的应用程序如何与 ArcBlock 框架交互来告知其应当发什么 Transaction 呢？

如何与 ArcBlock 框架交互

ArcBlock 框架本身提供了两种与其交互的形式。

- GraphQL。
- gRPC。

这可能与我们平时调用某个服务器提供的 API 不太一样。我们平时接触的 API 调用大多是通过 JSON 发送一些 HTTP 请求以访问某个 API 来获取一些资源，为什么 ArcBlock 框架没有用 JSON API 呢？

原因很简单——效率。关于 GraphQL 和 gRPC 的优点，这里不再展开讲述，不过会简单介绍一下这两种技术。

GraphQL

GraphQL 是 Facebook 开源的一项技术，旨在帮助用户更高效快捷地从服务器中获取资源。

GraphQL 在网络的应用层面用的是 HTTP/1.1 或 HTTP/2 的 POST 请求，服务器接收从客户端发来的 GQL 请求，经过处理后返回一个 JSON 格式的 GQL 应答，如图 4 所示。

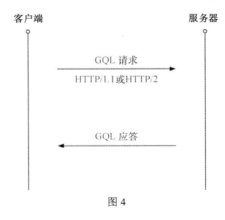

图 4

客户端能发送的请求分为以下 3 类。

- Query：用来读取资源。

- Mutation：用来创建、改变资源。
- Subscription：用来订阅事件。

在 ArcBlock 框架中，Query 一般用来查询链上的数据；Mutation 一般用来向链发送 Transaction；Subscription 用来订阅链上发生的事件。

gRPC

gRPC 是 Google 推出的一套 RPC 框架，简单来说如下。

```
gRPC = protobuf + HTTP/2
```

Protocol Buffer 简称 Protobuf, 也是 Google 推出的一种序列化/反序列化标准，是比 XML、JSON 更加高效的序列化方式。它预先定义好一个.proto 文件，记录要传输的信息都有哪些字段以及它们的编号，之后序列化的时候只对字段的值进行编码，以达到节省空间的目的。使用方法如图 5 所示。

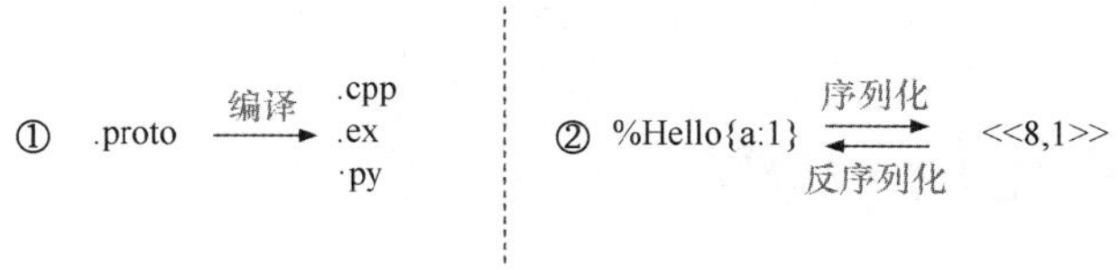

图 5

- 用户定义要传输的信息有哪些字段，并将其写到一个.proto 文件中，然后用官方或社区提供的你所使用语言的插件将其编译成.cpp、.ex 或.py 文件。
- 在你的程序中，用刚才生成的模块提供的序列化函数，将一个数据对象转换成二进制以便在网络中进行传输，接收方用经反序列化函数得到的二进制转换回数据对象。

用 Protobuf 进行的对数据的序列化能在很大程度上节省空间，这样在网络上传输的数据变少了，请求就更高效了。但是需要付出的代价如下。

- 要有服务器端定义的.proto 文件。
- 使用的语言要有 protoc（官方提供的 Protobuf 的编译器）插件。

ArcBlock 框架用到的所有.proto 文件都在 ArcBlock/forge-abi 仓库中；Google 支持 C++、C#、Go 和 Python 的插件，其他的语言的插件要到社区中去找。

那么，gRPC 是什么？如图 6 所示。

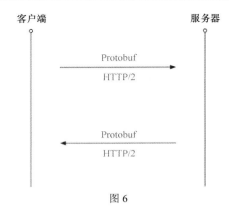

图 6

- 服务器端定义好一套请求/响应的 .proto 文件。
- 客户端把要发送的请求通过 Protobuf 序列化成二进制后,通过 HTTP/2 发送给服务器。
- 服务器处理收到的请求,再以 Protobuf 序列化的二进制发回响应;客户端收到响应后,反序列化得到结果。

之所以用 HTTP/2 而不再用 HTTP/1.1,是为了能够更高效地传输数据。同时,需要用一个官方或社区提供的 gRPC 的库来使用 gRPC。

使用 GraphQL 还是 gRPC

ArcBlock 框架提供了 GraphQL 和 gRPC 两种方式来与其交互,那么到底用哪个好呢?

GraphQL 上手简单,只需要用一个 HTTP 客户端和一个 JSON 的源就能收发数据了;而 gRPC 上手复杂,需要了解 Protobuf,并用一个 gRPC 才能收发数据。

我们推荐使用 gRPC,虽然看起来上手复杂,但是其使用起来更灵活;而 GraphQL 上手简单,更适合一些简单的查询。

ArcBlock 框架中如何发送 Transaction

前面介绍了若开发者想在区块链上做开发,归根到底就是通过 ArcBlock 框架在区块链上发布一个个 Transaction,又介绍了 ArcBlock 框架提供 GraphQL 和 gRPC 两种方式来进行交互。接下来就介绍一下如何在 ArcBlock 框架中通过 gRPC 发送 Transaction,如图 7 所示。

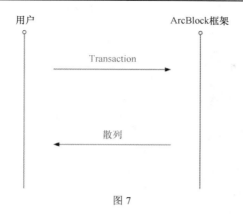

图 7

发送的流程看起来很简单：就是把 ArcBlock 框架中定义的 Transaction 通过 gRPC 发送给 ArcBlock 框架，之后 ArcBlock 框架会返回一个散列作为结果。

接下来，看一下 ArcBlock 框架中定义的 Transaction 长什么样。

ArcBlock 框架对于 Transaction 的定义可以在 arcblock/forge-abi/lib/protobuf/type.proto 下找到。

```
message Transaction {
    string from = 1;                              # 这个 tx 是谁发送的，即钱包地址
    uint64 nonce = 2;                             # nonce 用来防止重放攻击，每次需要递增发送
    string chain_id = 3;                          # tx 发送至链的 ID
    bytes pk = 4;                                 # 发送 tx 的钱包的公钥
    bytes signature = 13;                         # 发送 tx 的钱包的签名
    repeated multisig signatures = 14;            # 多方签名
    google.protobuf.Any itx = 15;                 # 内部事务，这个 tx 具体是干什么的
}
```

我们需要做的就是在构造出这个 Transaction 后，将其发送给 ArcBlock 框架。接下来用一个具体的例子来演示如何在链上创建一个钱包。

ArcBlock 框架中的钱包

创建钱包分为两步。

- 在本地创建一个钱包。
- 把这个钱包声明（Declare）到链上，这样就完成了用户账户的创建。

钱包究竟是什么？其实，钱包就是一个存储了公钥、私钥、DID 地址的数据结构，被定

义于 Protobuf 中。

```
message WalletInfo {
  bytes sk = 2;          # 私钥
  bytes pk = 3;          # 公钥
  string address = 4;    # DID 地址
}
```

我们的钱包是一个支持 DID 规范的钱包，其中有 3 个选项可选。

- RoleType：角色类型。
- KeyType：私钥算法。
- HashType：散列算法。

```
message WalletType{
    KeyType key = 1;
    HashType hash = 2;
    EncodingType address = 3;
    RoleType role = 4;
}
```

这里的细节请参考 arcblock/abt-did-spec 中关于创建 DID 的文档。

以下的参考代码为 Elixir 代码，用的是已经开源的 Forge-elixir-sdk 的库。

```
wallet_type = ForgeAbi.WalletType.new(role: :role_account, key: :ed25519, hash: :sha3)
wallet = ForgeSdk.Wallet.util.create(wallet_type)

%ForgeABi.WalletInfo{
  address: "z1mwolwq..."   # DID 地址：包含了私钥类型、散列算法及角色
  pk: <<85, 199, ...>>     # 公钥：32 字节
  sk: <<19, 21, 248, ...>> # 私钥：我们用的 ed25519，私钥地址包括了公钥，共 64 字节
}
```

这样钱包已经在本地创建，但还是要把它声明到链上。

正如之前所说的，要在链上做什么就需要发一个 Transaction。

```
message Transaction{
  string from = 1;
  uint64 nonce = 2;
  string chain_id = 3;
  bytes pk = 4 ;
  bytes signature = 13;
  repeated Multisig signatures = 14;
  google.protobuf.Any itx = 15
}
```

signatures 是多方签名,我们暂时还用不到,不用管它。在看签名之前,先来看一下 itx。

ArcBlock 框架中的 itx 是什么

itx 是 inner transaction(内部事务)的缩写。都已经有了 tx,为什么还要有 itx 呢?

这就像写信一样,写信一般有称谓、正文、敬语、落款和日期等,但是不同的信的正文内容是不同的。

tx 就是信的模板,包括寄信人、正文、签名等;而 itx 则是信的正文,代表了具体内容。ArcBlock 框架支持十几种 tx,也就是说,有十几种 itx。

我们要做的就是将刚创建的钱包的链的 itx 命名为 DeclareTx。

```
message DeclareTx{
    string moniker = 1 ;   #表示这个钱包账户的别名
    ....
}
```

这里忽略了其他一些用不上的字段。那么如何将这个 DeclareTx 创建成一个 itx 呢?我们再来看一下 Transaction 中定义的 itx 类型。

```
google.protobuf.Any itx = 15;
```

它的类型是 google.protobuf.Any。这是 Google 提供的一种类型,和名字一样,它是一种通用的类型,定义如下。

```
message Any{
    string type_url = 1;
    bytes value = 2;
}
```

既然是任意类型,那只用 value 来表示不就好了? type_url 是什么?这其实是给应用程序用的,告诉它这个任意类型到底是什么类型。Google 设计的本意是,type_url 是一个 URL,但是我们并不需要它是一个 URL,它可以是任何字符串。

ArcBlock 框架定义的 type_url 如下。

```
fg:t:declare            # ArcBlock 框架为 type:itx 类型
declare = ForgeAbi.DeclareTx.new(moniker: "jonsnow")
value = ForgeAbi.DeclareTx.encede(declare)
```

```
itx = Google.Proto.Any.new(type_url: "fg:t:declare", value: value)
%Google.Proto.Any{type_url: "fg:t:declare", value: "\n\ajonsnow"}
# 这就是用 Protobuf 编码的 declare itx
```

现在再看一下 tx。

```
message Transaction {
  string from = 1;            # wallet.address
  uint64 nonce = 2;           # 1
  string chain_id =3;         # forge
  bytes pk = 4;               # wallet.pk
  bytes signature = 13;
  repeated Multisig signatures = 14;
  google.protobuf.Any itx = 15;
}
```

现在就差最后一步：签名。

ArcBlock 框架中如何给 tx 签名

ArcBlock 框架中的钱包支持两种椭圆曲线数字签名算法，即 ed25519 和 secp256k1。所谓的数字签名就是用钱包的私钥对 tx 的散列做一个签名，之后别人可以用其公钥进行验证。

```
signature = sign(data, sk)
# data 为 tx 序列化后的二进制散列
# sk 是钱包的私钥
hash = mcrypto.hash(%Sha3{}, ForgeAbi.Transaction.encode(tx))
sig = Mcrypto.sign!(%Ed25519{}, hash, wallet.sk)
tx = %{tx | signature: sig}
```

至此，tx 终于算是构造完成并且签好名了，接下来只需要把这个 tx 发送给 ArcBlock 框架即可。

如何向 ArcBlock 框架发送 tx

因为我们用 gRPC 与 ArcBlock 框架进行交互，所以只需要使用一个 gRPC 提供的发送 tx 的服务就行了。这个服务在 ArcBlock 框架中叫 send_tx，定义在 arcblock/forge-abi/lib/protobuf/service.proto 中。

进行这项操作需要参考你所用语言的 gRPC 的库的文档。在 Elixir 中，发送 tx 的做法如下。

```
Forgesdk.send_tx(tx: tx)
"48c265bb..."
```

之后返回的散列即这个 tx 在链上的散列，用这个散列就可以在链上查到其状态了。在我们把 tx 发送给 ArcBlock 框架后，ArcBlock 框架会做一系列的检查，包括发送 tx 的钱包地址是否有效、签名是否有效等。之后 ArcBlock 框架会把这个 tx 发送给下层的共识引擎，并且广播到 P2P 网络中，最后会将它打包到新的区块中，这样我们发送的 tx 就相当于成功上链了。当然上链并不代表这个 tx 就是成功的，还需要检查这个 tx 的状态才行。

ArcBlock 框架中常用的 tx

我们已经学习了如何构建并签名一个 tx，并且成功将其发送给了 ArcBlock 框架，这样就在 ArcBlock 框架上成功创建了一个钱包账户。接下来看一看 ArcBlock 框架中有哪些常用的 tx。

假设有如下场景。在用户 A 创建一个账户后，签到一次并得到了一些通证。之后创建了一个资产（游戏地图），并将这个资产免费转让给了另一个用户 B。之后用户 A 用一些通证向用户 B 购买了该资产，完成了一次交易。

declare tx 之前已经介绍了，接下来看一看 poke tx。

poke tx

poke 就是"戳一下"，作用是签到领取 25 个通证，一天只能领取一次。如之前所介绍的，发送 tx 时，tx 的结构都是一样的，不同的仅仅是 itx 的内容和签名。我们再来看一下 tx 的结构。

```
message Transaction{
    string from = 1;              # wallet.address
    uint64 nonce = 2;             # 注意，对于 poke 来说 nonce 要用 0
    string chain_id = 3;          # forge
    bytes pk = 4;                 # wallet.pk
    bytes signature = 13;
    repeated Multisig signatures = 14;
    google.protobuf.Any itx = 15; # itx 改用 poke tx
}
```

poke tx 的定义如下。

```
message PokeTx {
    string data = 1;       # 签到的日期,用当天日期
    string address = 2;    # 向哪个钱包地址签到,这个是固定的地址 "zzzzzzz..." (36 个 z)
}
poke = ForgeAbi.PokeTx.new(data:"2019-05-28", address:"zzzzzzz...")
value = ForgeAbi.PokeTx.encode(poke)
itx = Google.proto.Any.new(type_url: "fg:t:poke", value: value)
%Google.Proto.Any{type_url: "fg:t:poke", value: <<10,10,50,...>>}
```

然后把这个 itx 放入 tx 中,签名之后,发到链上。

```
ForgeSdk.send_tx(tx: tx)
"66313AFB..."
```

成功以后去链上查询一下,此时用户 jonsnow 的账户就多了 25 个通证。

现在,钱包创建了,并且有了 25 个通证,接下来看一看如何创建一个资产。

create_asset tx

Asset 表示资产,可以代表任何可交易的物体,这里我们用游戏地图来举例说明,先看一看 create_asset tx 的定义。

```
message CreateAssetTx{
    string moniker = 1;        # 这个资产的别名
    google.protobuf.Any data= 2;
    bool readonly = 3;
    bool transferable = 4;  # 是否可转让
    uint32 ttl = 5;
    string parent = 6;
    string address = 7;        # 资产地址
}
```

这里定义了 7 个字段,我们只关心其中 4 个,其余的可以不管。

```
map = %Google.Protobuf.Any{value: "this is my map"}
asset = ForgeAbi.CreateAssetTx.new(transferable: true, moniker: "map1", data: map)
```

接下来还有 Asset 中的地址为空,我们需要自己将它算出来。

ArcBlock 框架中所有事物的 ID 都支持 W3C DID 标准,Asset 的地址也是一个 DID。那么,Asset 的地址应该怎么计算呢?

```
hash = Mcrypto.hash(%SHA3{}, ForgeAbi.createAssetTx.encode(itx))  # 之后的步骤请参考
#abt-did-spec 文档中的步骤,这里算出的散列作为第 5 步的输入。并且在选择 RoleType 时要选 asset
```

地址算好后填到上面的 Asset 中。

```
value = ForgeAbi.CreateAssetTx.encode(asset)
itx = Google.Proto.Any.new(type_url: "fg:t:create-asset", value: value)
%Google.Proto.Any{type_url: "fg:t:create_asset", value:<<10.4.109...>>}
```

接下来的步骤就是"流水线作业",即将 itx 放入 tx 中。签名并发送上链成功后,一个 Asset 就创建好了,其中存放的内容就是"this is my map"。

接下来,我们要把该资产转移给另一个账户,这会用到 transfer tx。

transfer tx

转让(Transfer)是一个单方面的用户行为。用户 A 可以向用户 B 转让钱或者转让资产,因此需要先创建第二个钱包。

```
wallet_type = ForgeAbi.WalletType.new(role: :role_account, key: :ed25519, hash: :sha3)
wallet2 = ForgeSdk.Wallet.Util.create(wallet_type)
```

之后用 declare tx 将钱包声明到链上,此处不再详述。

接下来看一看 transfer tx 的定义。

```
message TransferTx {
    string to = 1;              # 目标钱包地址
    BigUint value = 2;          # 转让多少钱
    repeated string assets = 3; # 有哪些资产
}
```

这里只转让一个刚才创建的游戏地图资产,只需要 create-asset tx 的地址。

```
map1 = "ejdqnc..."
transfer = ForgeAbi.TransferTx.new(to: wallet2.address, assets: [map1])
value = ForgeAbi.TransferTx.encode(transfer)
itx = Google.Proto.Any.new(type_url: "fg:t:transfer", value: value)
%Googel.Proto.Any{type_url: "fg:t:transfer", value:<<10,35,122,...>>}
```

之后将 itx 放入 tx 中,再签名、发送上链。成功之后,本来属于用户 A 的资产现在就属于用户 B 了。

最后来看一下 exchange tx。

exchange tx

之前讲过的所有 tx 都只需要一个签名,而 exchange tx 需要两个签名。因为是交换资产,所以需要交换的双方都同意才行，如图 8 所示。

用户A用2个Token向用户B买1个Asset

图 8

来看一下 exchange tx 的定义。

```
message Exchange {
    string to = 1;                  # 与哪个地址交换
    ExchangeInfo sender = 2;        # 发送人信息
    Exchangeinfo receiver = 3;      # 接收人信息

}
message Exchangeinfo {
    BigUint value = 1;              # 交换的金额
    repeated string asets = 2;      # 交换的资产
}
message BigUint{
    bytes value = 1;                # 因为金额是大整数，所以我们用 bytes 来表示
}
```

构建 itx。

```
exchange = ForgeAbi.ExchangeTx.new(
        to: wallet2.address,
        sender: ForgeAbi.Exchangeinfo.new(value: ForgeAbi.token.to.uint(2)),
        receiver: ForgeAbi.ExchangeInfo.new(assets: [map1]))
value = ForgeAbi.ExchangeTx.encode(exchange)
itx = Google.Proto.Any.new(type_url: "fg:t:exchange", value: value)
```

接下来还是将 itx 放入 tx 中，签名、发送上链。至此，我们的 tx 还差最后一步，就是之前一直没用过的多方签名（Multisig）。

```
message Transaction{
    string from = 1;                    # walle.address
    uint64 nonce = 2;                   # 2
    string chain_id = 3;                # forge
    bytes pk = 4;                       # wallet.pk
    bytes signature = 13;               # signature
    repeated Multisig signatures = 14;
    google.protobuf.Any itx = 15;       # itx
}
```

Multisig 的定义如下。

```
message Multisig{
    string signer = 1;      # 用户 B 的地址
    bytes pk = 2;           # 用户 B 的公钥
    bytes signature = 3;    # 用户 B 的签名
}
```

这个 Multisig 该如何构建呢？很简单，将用户 B 的地址和公钥填入，再将其放入 tx 中，然后用户 B 签名就行了。

```
mulitisig = ForgeAbi.Multisig.new(signer: wallet2.address, pk: wallet2.pk)    # 创建一个
#multisig 的 map
 tx = %{tx | signstures: [multisig]}          # 将 multisig 放入 tx 的 signatures 字段中，注意现在这个
#multisig 的签名还是空

signature = Forgesdk.Wallet.Util.sign!(wallet2, ForgeAbi.Transaction.encode(tx)) # 将这个
#tx 给用户 B 签名
 multisig = %{multisig | signature: signature}        # 签好之后把签名放入 multisig 的 map 中
 tx = %{tx | signatures: [multisig]}                  # 将签名的 multisig 放入 tx 中
```

至此，我们的 tx 就被用户 A 和用户 B 签名了，可以发送到链上去了。

成功发送后，资产被转移到用户 A 的名下，用户 A 支付给用户 B 两个通证，交换成功！

整个流程如图 9 所示。

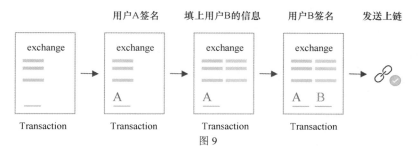

图 9

快速上手：如何一键发链、创建 DApp

我们坚信区块链会给人类的组织和协作方式带来巨大的变革，我们致力于开发简单易用、灵活可扩展的 DApp 开发框架和工具。迄今为止，ArcBlock 已经发布了 ArcBlock 框架及其一系列工具。

ArcBlock 框架和工具箱从开始只包含 ArcBlock Blockchain 内核，到现在包含能覆盖 DApp 完整生命周期的如下组件。

- ArcBlock Blockchain 内核：交易处理引擎和共识引擎，每周会有不同大小的版本发布。
- 核心智能合约：ArcBlock 框架内置的交易合约，能够帮助开发者解决 99% 的账户交易、跨链、链上治理等业务逻辑问题。
- ArcBlock Framework Desktop：桌面版链节点。
- ArcBlock Framework Web：链节点的 Web 管理界面和区块浏览器。
- ArcBlock Blockchain SDK：各种语言的 SDK，目前支持的语言包括 Elixir、JavaScript、Java、Python、Rust。
- ArcBlock Framework Simulator：流量模拟器。
- DApp Workshop：DApp 原型工坊。
- ArcBlock Framework Patron：集成测试工具。
- ArcBlock Framework Deploy：生产环境大规模部署的工具，目前只支持 Amazon AWS。
- ArcBlock Framework Compiler：智能合约编译工具，跟随 ArcBlock 框架发布，在 ArcBlock Blockchain CLI 中可用。

ArcBlock Blockchain CLI 是开发者获取、使用以上工具的最佳路径：只需要执行一条命令，就可以得到整个 ArcBlock 框架工具箱。

本节将演示如何使用 ArcBlock Blockchain CLI 来完成下面的工作。

- 一键发链：创建和配置自己的链以及链上的通证。
- 一键创建 DApp：基于基石程序快速创建能运行在链上的 DApp。

安装 ArcBlock Blockchain CLI

因为 ArcBlock Blockchain CLI 使用 Node.js 开发，所以在安装前需要确保你的计算机上有 Node.js v10.15.1 及以上的运行环境。检查是否存在 Node.js 的运行环境的最简单办法如下。

```
Node --version
```

然后，我们就可以开始安装 ArcBlock Blockchain CLI 了。执行 npm install -g @arcblock/forge-cli 命令，等待安装完成。完成后可以看到输出图 1 所示的结果。

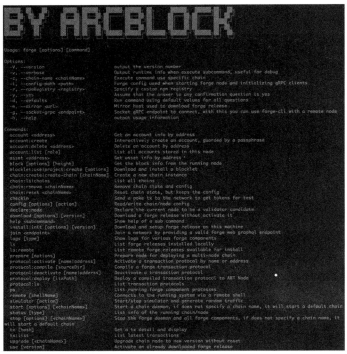

图 1

安装 ArcBlock 框架发行版

执行 forge install v0.38.4 命令，把 ArcBlock 框架发行版安装到本地，安装过程如图 2 所示。

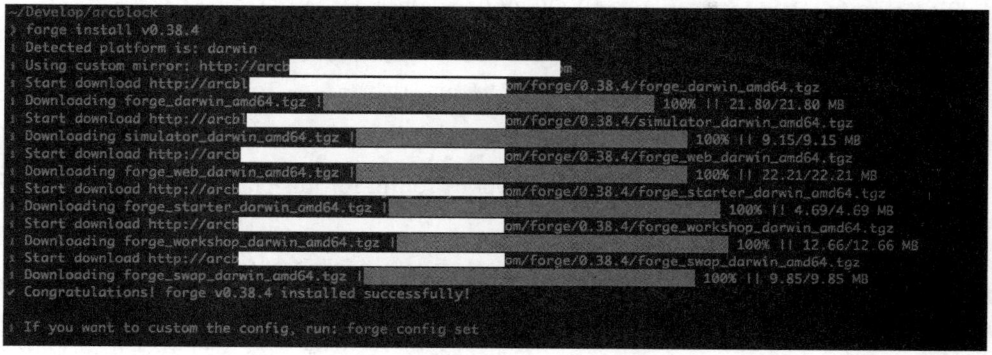

图 2

一键发链和发币

接下来，我们就可以执行 forge chain:create demo-chain 命令来创建一条链，并且在链上定义名称为 DCT、总供应量为 1 亿的通证，配置过程如图 3 所示。

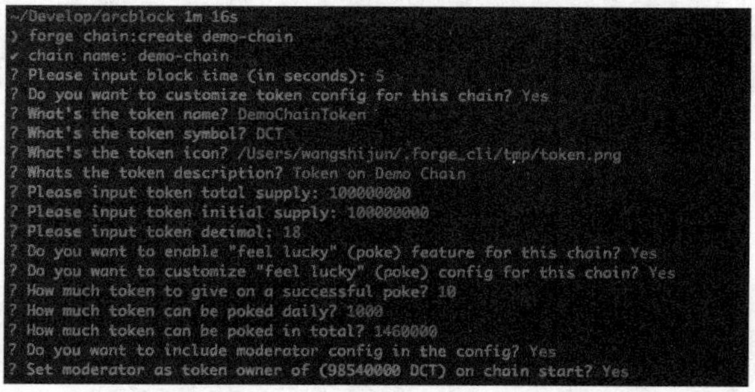

图 3

关于自定义配置的部分，我们逐行解释如下。

- chain name: demo-chain——链的名称为 demo-chain，节点的名称也是这个。
- Please input block time (in seconds): 5——出块时间为 5s。
- Do you want to customize token config for this chain? Yes——选择自定义链上的通证。

- What's the token name? DemoChainToken：通证的名称。
- What's the token symbol? DCT：通证的符号，至少 3 个字符。
- What's the token icon? /Users/wangshijun/.forge_cli/tmp/token.png：通证的图标文件路径，建议是正方形的 PNG 图片。
- What's the token description? Token on Demo Chain：通证的描述。
- Please input token total supply: 100000000——通证的总供应量是 1 亿。
- Please input token initial supply: 100000000——通证的初始供应量是 1 亿。
- Please input token decimal: 18——通证的精度是小数点后 18 位。
- Do you want to enable "feel lucky" (poke) feature for this chain? Yes：允许用户签到领通证。
- Do you want to customize "feel lucky" (poke) config for this chain? Yes：需要自定义签到领通证的参数。
- How much token to give on a successful poke? 10：每次签到领通证 10 个。
- How much token can be poked daily? 1000：每天最多放出 1000 个通证。
- How much token can be poked in total? 1460000：允许签到领通证时放出的最多的通证数量。
- Do you want to include moderator config in the config? Yes：自动包含链管理员信息。
- Set moderator as token owner of (98540000 DCT) on chain start? Yes：把剩余的通证放到链管理员账户中，可以用程序转走。

命令 forge chain:create demo-chain 执行完毕之后，提示信息如图 4 所示。

图 4

根据提示，执行 forge start demo-chain 命令即可启动测试链，等待 15s 左右，即可启动成功，如图 5 所示。

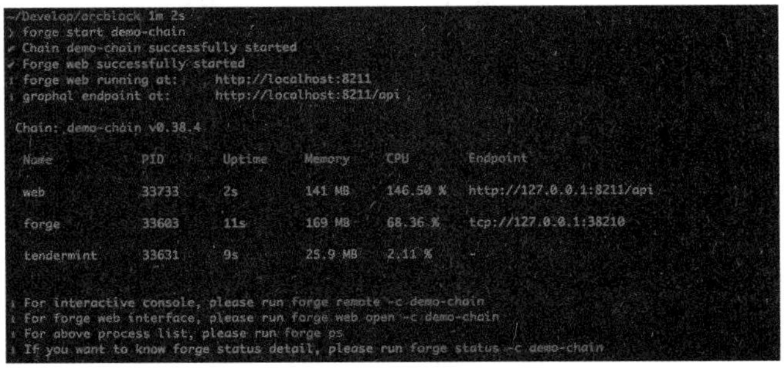

图 5

刚刚启动的测试链其实是一条单节点的链，本地节点内置了节点的控制台和区块浏览器，执行 forge web open 命令即可打开控制台，如图 6 所示。

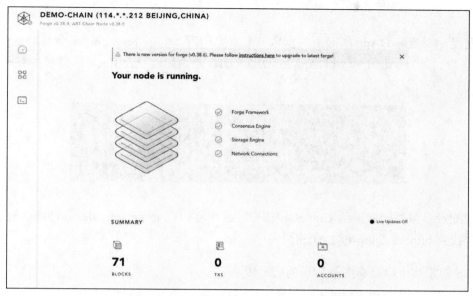

图 6

一键创建 DApp

有了链之后，我们就可以创建运行在这条链上的 DApp 了。基石程序（Blocklet）是简化开发者创建 DApp 的可重用构建模块。Blocklet 可以是任何现成的组件、模块、库、前端视图或其他简化构建 DApp 过程的工具。选择一个 Blocklet 后，就可以安装、启动并运行该 Blocklet。除了使用单一的 Blocklet，用户也可以将多个 Blocklet 组合在一起，用于构建更复杂的 DApp。

基于 ArcBlock 官方提供的 Starter 类型的基石程序，我们就可以快速创建一个包含如下功能的 DApp。

- 支持用户用 ABT 钱包登录。
- 支持用户扫码签到领通证。
- 支持用户支付测试通证来解锁加密的文档。

执行 forge blocklet:use 命令，选择 forge-react-starter，然后指定 DApp 代码的存放目录为 demo-dapp，如图 7 所示。

```
~/Develop/arcblock
 forge blocklet:use
✓ Fetching blocklets information...
✓ Select a blocklet: forge-react-starter
↓ Downloading package...
? Target directory /Users/wangshijun/Develop/arcblock is not empty, please choose another:
? Please input target directory: demo-dapp
```

图 7

根据提示配置好 DApp 所必需的参数。配置完毕后，forge-react-starter 会自动给 DApp 创建 DID 账户，并且去链上声明 DApp 的 DID（DID 是内置在 ArcBlock 框架里的身份解决方案），如图 8 所示。

```
? Running chain node graphql endpoint: http://127.0.0.1:8211/api
? dApp name: Demo DApp
? dApp description: dApp running on the demo chain
? dApp listening port: 3030
? Mongodb URI: mongodb://127.0.0.1:27017/demo-dapp
application declare tx 4EBB7BED29571181249DECBAACE250C76928683EFD5A41AA1AB41EC8DC5E56A4
Application account declared on chain: zNKrznMKFBAJoWE8NGuv5SfstXo5kkh1Lxgd
Application config generated /Users/wangshijun/Develop/arcblock/demo-dapp/.env
Initialized empty Git repository in /Users/wangshijun/Develop/arcblock/demo-dapp/.git/
npm WARN deprecated fsevents@2.0.6: Please update: there are crash fixes
```

图 8

关键配置参数是测试链的 GraphQL 接口，这个接口在 forge start demo-chain 输出的最后一列中能找到 http://localhost:8211/api。

DApp 创建结束后会有图 9 所示的启动提示。

```
npm WARN eslint-config-airbnb-base@13.2.0 requires a peer of eslint-plugin-import@^2.17.2 but none is
     installed. You must install peer dependencies yourself.
npm WARN forge-react-starter@0.38.3 No description

added 2037 packages from 2112 contributors and audited 918156 packages in 97.23s
found 0 vulnerabilities

Run script to start:
   cd /Users/wangshijun/Develop/arcblock/demo-dapp && yarn start
```

图 9

按照提示进入 DApp 目录，启动 DApp。如果一切正常，你就能在浏览器中看到 DApp 的首页，如图 10 所示。

图 10

单击首页右上角的"LOGIN"按钮即可使用 ABT 钱包扫码登录,整个扫码登录过程和微信扫码登录过程非常相似,如图 11 所示。

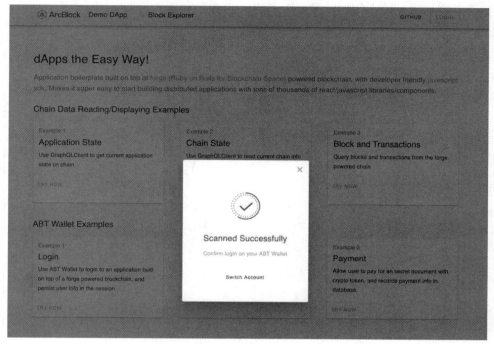

图 11

在 ABT 钱包中输入 DApp 请求的用户名、邮箱信息,滑动确认并完成登录之后,就跳转到了档案页面,如图 12 所示。

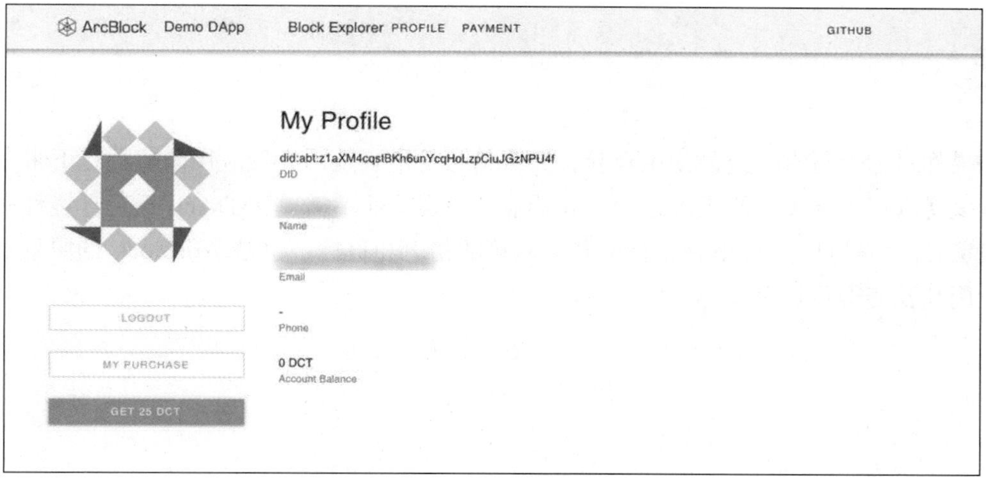

图 12

单击档案页面的"GET 25 DCT"按钮，然后用钱包再次扫码，即可领取 10 个测试链上的通证，这里是 10 个而不是 25 个是因为我们签到的配置中是 10 个。签到成功之后，刷新用户档案页面，可以看到链上余额已经变成了 10。此时打开测试链的区块浏览器（见图 13），则能看到账户的链上注册和签到操作。

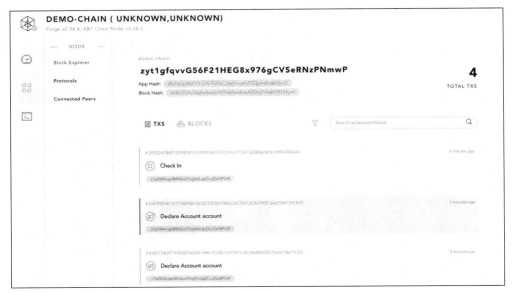

图 13

DApp 中的支付测试通证解锁加密的功能留给读者去探索。提示：只需要单击档案页面的"MY PURCHASE"按钮即可打开支付页面。

总结

如果你对命令行有一定的使用经验，那么整个发链、发币、发应用的流程走下来会非常快。开发者真正需要关心的是自己 DApp 的业务逻辑，而不需要在 DApp 运行环境和底层设施上浪费时间，这就是 ArcBlock 框架和工具箱的初衷和目标，也是 ArcBlock 的愿景：让区块链应用开发变得足够简单。

如何部署 ABT 链网

ABT 链网是以完全去中心化方式连接编织多条区块链而形成的网络，它以云节点和织链为网的方式重新定义了新一代区块链的基础架构。本文分享一些 ABT 链网在 2019 年 3 月 29 日上线前的有趣经历。

为方便阅读，先简单介绍一下本文提到的一些概念。

- ABT 链网：使用 ArcBlock 技术打造的多条区块链形成的网络。
- ABT 链节点：使用 ArcBlock 框架开发的区块链节点软件。
- ArcBlock 框架：ArcBlock 为区块链开发而打造的框架，可以看作区块链世界里的 Ruby on Rails。

打造人人都可部署的节点

在开发 ArcBlock 框架和 ABT 链节点时，我们深信：运行在 ArcBlock 框架之上的区块链项目可以是每日千百万级交易的大型应用，也可以是独立开发者及其小圈子的"自娱自乐"。因此，一个节点只要有过得去的算力，就可以运行 ArcBlock 框架。这样，只要愿意，人人都可以部署自己可负担的节点。

那什么算是"过得去的算力"呢？考虑到开发者在开发期的经济能力，我们将其定位在单节点月支出在 15 美元（约 102 元人民币）以内。在 Digital Ocean 上，对应如图 1 所示。也就是 1 GB/1 CPU/25 GB SSD—2 GB/2 CPU/60 GB SSD 的低配版云主机。

在 2019 年 1 月、2 月的大部分开发时间里，我们都在使用 5 美元（约 34 元人民币）的低配版云主机。而且，我们一次性在美国（旧金山、纽约）、欧洲（伦敦）和东南亚（新加坡）部署了 4 个节点，组成了一个 P2P 网络来开发 ArcBlock 框架。我们相信，极端"恶劣"的环境，能打造尽可能健壮的软件，让各种问题都提前暴露出来。

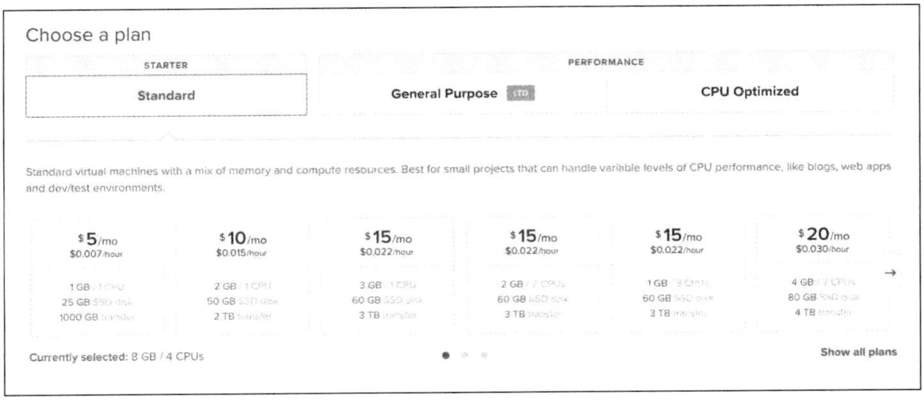

图 1

有了环境，我们需要有能足够模拟真实应用场景的流量。为此我们开发了一个模拟器（Simulator），并且使用了一个简单的描述语言来描述我们如何开始模拟（以下为节选）。

```
pools:
  account_migrate: 5
  create_asset: 5
  declare: 5
  exchange: 5
  transfer: 10
  update_asset: 5
  consume_asset: 5
  poke: 5
meta:
  tick: 500
simulations:
  - name: exchange token and assets
    interval: 2
    num: 2
    type: exchange
    settings:
      value: "1000..20000"

  - name: transfer token and assets
    interval: 5
    num: 2
    type: transfer
    settings:
      value: "1000..5000"
      after:
        - interval: 1
          action: consume_asset
```

通过改变 pools，我们可以调节并发程度；通过控制 tick，我们可以控制流量的速率；通过添加更多的 simulations，我们可以改变流量的多样性。

在模拟器的作用下，很长一段时间里，我们的网络三天两头地崩溃：一会儿没有内存、一会儿文件句柄过多、一会儿服务器超时、一会儿 TCP 收发缓冲已满等。这些问题，如果换一个 4 GB/4 CPU/100 GB SSD 的主机，只有很小的概率才会暴露出来，而我们主动让其发生在开发环境中，使大部分问题得到了妥善处理。比如，我们发现使用的共识引擎不稳定，时不时崩溃，崩溃之后很容易把状态数据库写坏，使节点彻底崩溃、无法恢复。对此，我们的做法是，一旦共识引擎崩溃，我们就让 ArcBlock 框架自动崩溃（可惜了 Erlang VM 强大的崩溃恢复机制），然后由我们开发的 ArcBlock Framework Starter 将之重启；重启后，我们回溯到上一个区块的数据，重新运行，如果共识引擎可以恢复，那么就继续往后走；否则便继续崩溃和继续回溯。

在这样严苛的环境下，ArcBlock 框架逐渐成长，由低配版节点组成的网络不断死亡、不断重生。就像电影《明日边缘》（*Edge of Tomorrow*）里的主演汤姆·克鲁斯，从新手一路成长为高手，迎来了第 100 万个交易。

2019 年 3 月上旬我们终于"抛弃"了 5 美元（约 34 元人民币）的主机，换成了 15 美元（约 102 元人民币）的"大"主机。在 Digital Ocean 的云上，我们同时运行了多个网络做滚动升级。之前我们一周一个"里程碑"：出一个大版本、若干小版本。从 3 月第二周开始，我们每天出一个版本。因而，版本太多而网络不够用了……

很快，100 万交易量的"里程碑"被 500 万取代，继而被 600 万及更大的交易量取代。由于后来不兼容的更新太多，也就没有继续累积这个数字。

可以让区块链节点稳定地在 15 美元（约 102 元人民币）的主机上部署是 ArcBlock 的一个创举。我们做过别的公链的节点，给出的推荐配置中一个节点每个月要 1 000 多美元（约 6 800 元人民币）。如果一个开发者想部署一条自己的链，初期通过自己的节点来服务其用户，假设节点部署在全球 4 个区域，每个区域两个节点，那单单是这样一笔开销，每月就超过上万美元。对于没有充足现金的玩家，这笔费用是很高的，所以我们希望这个数字能够低至几百美元。

然而 Digital Ocean 毕竟是服务于小客户的。一个"严肃"的 DApp，在开发阶段使用它无可厚非，但在生产环境中（当链上线之后），更具实力的云服务是更好的选择。比如我们自己的 ABT 链网就部署在 Amazon AWS 上。

简约而不简单的生产环境

由于 ABT 链网强调织链为网，因此我们首发 3 条以化学元素"氩"（Argon）、"溴"（Bromine）、"钛"（Titanium）命名的元素链（其中，Bromine 是一条专门运行最新 Nightly Build 版本的测试链）。我们需要为这 3 条链准备安全可信的生产环境。我们是这样考虑线上的生产环境的。

- 每条链都部署到亚洲以及欧美的 4 个区域。
- Argon 和 Titanium 各 16 个节点，Bromine 为 4 个节点。
- 所有节点都只对外暴露 P2P 端口。
- 节点的 GraphQL RPC 和自带的区块浏览器通过 ELB 允许外部访问，而 gRPC 只允许本地访问。
- 每个区域、每条链的 ELB 的域名，都由 route 53 按照延时来负载均衡。

最重要的是，要自动化、要足够省钱。自动化，不用说，我们已经有深厚的 Ansible/Terraform 经验。按照上面的配置，哪怕只用"物美价廉"的 c4.large/c5.large，每个节点配备 110GB EBS，每条链每个区域都配一个 ELB，一个月下来仅固定成本就要 3 721 美元（约 25 302 元人民币）。

成本计算公式：成本=0.11（c4.large 价格）×36×24×31+36×110×0.12（EBS 价格）+25（ELB 价格）×12

其中，EC2 占了大部分，接近 3 000 美元（约 20 400 元人民币）。我们的目标是尽可能降低成本。于是，我们将目光投向了 Spot Instance。如图 2 和图 3 所示，是 Spot Instance 在 us-east-2 和 ap-southeast-1 的价格走势。

其价格基本稳定在 On-Demand Instance 的 20%左右。这也就意味着在 EC2 这部分，我们可以把成本降到 600 美元（约 4 080 元人民币），总成本只需每月 1 300 美元（约 8 840 元人民币）。

然而使用 Spot Instance 无法忽视的一点就是万一节点被删除，如何尽快恢复服务？尤其是验证人节点？

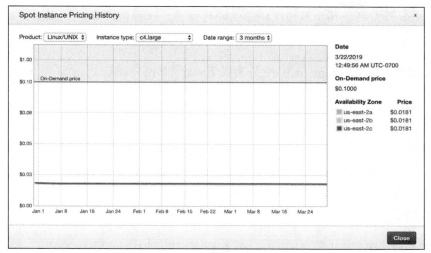

图 2

图 3

我们采用根磁盘（Root Disk）和数据磁盘（Data Disk）分离的方式。ArcBlock 框架存储的所有数据都放入 Data Disk，而其配置、节点私钥、验证人私钥放入 Root Disk，然后在初始化之后备份到一个由 AES 算法加密的、只允许单次写的 S3 Bucket 中。之后，在节点运行的时候，每条链每个区域都定期备份某一个健康节点的数据磁盘。这样，当验证人节点被删除时，我们可以从最近的一个备份中恢复数据磁盘，然后从 S3 Bucket 中找回该验证人节点的私钥和配置。

这个思路说起来简单直观，但做起来可要颇费一番心思。不过最终我们证明了它是可行的。对于 DApp 开发者，甚至其他区块链的同行而言，这种使用 Spot Instance 运行区块链节点的方式具有借鉴意义。

最终我们的部署脚本 forge-deploy 分为以下 4 个部分。

- 只需要一次性运行的脚本：比如为每个区域的每个 VPC 创建 Security Group。
- 制作 ArcBlock 框架 AMI 的脚本：每发布一个新的版本，都会创建一个新的 AMI。
- 创建一条新链所需资源的脚本：比如创建 Spot Request、EBS、ELB、Target Group，设置 Listener（及 Listener rule），创建域名及域名解析的策略等。
- 管理一条已有链的脚本：比如初始化链、重启节点、升级节点、修复损坏的节点、添加新的节点等。

2019 年 3 月的最后两周，forge-deploy 在原有零散脚本（部署 Digital Ocean 计算机的脚本）的基础上边开发边测试。我们的链建了拆、拆了建，两周走过了很多区块链团队可能一年都没有走过的路：最多的时候我们有 6 条链并行运行，算上 abtchain、origin、bigbang、test、abc 等链，前前后后创建和销毁了 30 多条链。注意，这里说的是多区域多节点的链，单个节点的链并不包含在内。

由于之前累积了足够的自信，因此在 ABT 链网上线的那一天，我们把之前为发布而创建好的 3 条链 Argon、Bromine 和 Titanium 在上线倒计时不到半小时前拆掉重新发布，让整个团队和社区关心我们的人可以看到区块链从零到一的跃迁。虽然中间有点波折（部署脚本运行得比预想得要慢一些，因而在发布倒计时结束时我们还没有部署完成，但只耽搁了大约 20 min），但 3 条链还是如愿上线。

每条链的部署都只需要两条命令，如图 4 所示。

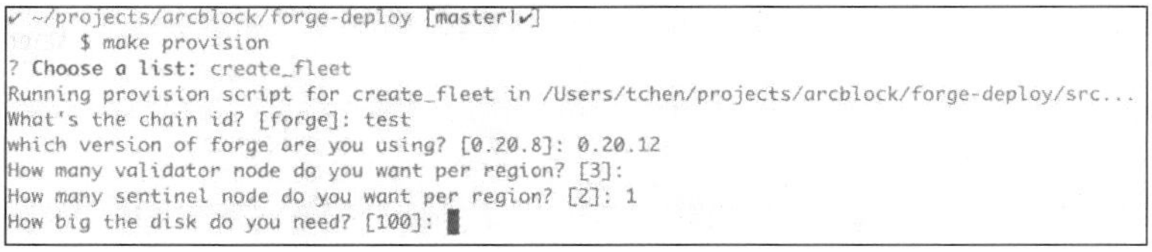

```
✓ ~/projects/arcblock/forge-deploy [master|✔]
          $ make provision
? Choose a list: create_fleet
Running provision script for create_fleet in /Users/tchen/projects/arcblock/forge-deploy/src...
What's the chain id? [forge]: test
which version of forge are you using? [0.20.8]: 0.20.12
How many validator node do you want per region? [3]:
How many sentinel node do you want per region? [2]: 1
How big the disk do you need? [100]:
```

图 4

其中，create_fleet 会在 4 个区域里做以下这些事。

- 获取当前区域的 default VPC ID。
- 获取 VPC 的 Subnet ID。
- 获取预先创建好的几个 Security Group 的 ID。

- 用预设的配置为验证人节点申请 Spot Fleet。
- 用预设的配置为哨兵节点申请 Spot Fleet。
- 等待所有申请好的 Instance 都可以正常工作。
- 创建 ELB。
- 创建 Target Group，并将所有 Instance 加入 Target Group。
- 获取预先上传好的证书 ID。
- 创建两个 ELB Listener，从 80 端口直接到 301 端口和 443 端口，而 443 端口把流量转发到 Target Group。
- 创建 DNS 域名记录，设置 Latency Based Policy。

在 4 个区域都完成之后，为这条链的所有 Instance 创建 Ansible Inventory，以便后续处理，如图 5 所示。

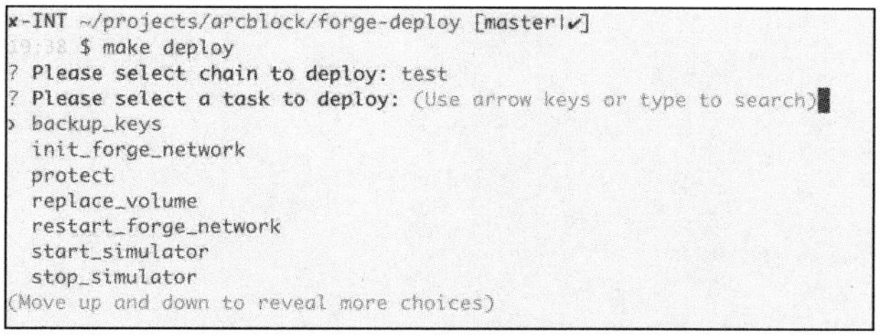

```
x-INT ~/projects/arcblock/forge-deploy [master|✔]
$ make deploy
? Please select chain to deploy: test
? Please select a task to deploy: (Use arrow keys or type to search)
> backup_keys
  init_forge_network
  protect
  replace_volume
  restart_forge_network
  start_simulator
  stop_simulator
(Move up and down to reveal more choices)
```

图 5

接下来，在 init_forge_network 里会做以下这些事。

- 把数据磁盘挂载到对应的节点上，并格式化文件系统为 XFS。
- 使用临时配置文件启动 ArcBlock 框架，生成 Node Key 和 Validator Key。
- 把生成的 Key 备份到 S3 Bucket 中。
- 根据 Ansible Inventory 文件的配置，找出验证人节点，将验证人地址写入初始配置中。
- 启动 ArcBlock 框架。

所有节点运行起来后，稍候片刻，一条链就诞生了！

后记①：开发和部署去中心化应用的平台设计

冒志鸿（ArcBlock 创始人兼首席执行官）

概述

ArcBlock 是一个专门用于开发和部署去中心化区块链应用的服务平台和一个多方参与形成的生态系统。ArcBlock 不仅提供基础部件服务以方便开发者使用区块链，而且能比今天的区块链系统支持更复杂的商业逻辑。它能帮助开发者将已有的系统和服务与区块链建立连接，使开发者可以把现有业务的数据、用户、商业逻辑等应用在由区块链驱动的新应用之中。

ArcBlock 的首要目标是解决目前区块链应用领域存在的几个普遍的、阻碍区块链技术得以在公众范围内普及的问题。我们对 ArcBlock 引入的独特创新可能推动整个区块链技术加速前进充满信心。

今天区块链面临的问题

今天的区块链应用仍处于"婴幼儿期"，有许多问题阻碍了开发者和企业在区块链上创建能够广泛传播的去中心化区块链应用。

1. 性能低下

性能低下是今天的区块链技术面临的核心挑战之一。比特币的区块链被设计成每秒处理 7 笔交易，以太坊每秒只能处理几十笔。2017 年 12 月初，一个简单的加密猫游戏就给以太坊网络造成大规模拥塞并导致交易费激增。

而今天，一个合格的应用必须能够处理数以千万计的日活跃用户。更重要的是，有一些应用必须到达一个足够大的用户临界点才会有实用价值。支撑这些应用的平台必须具备处理大量并发用户的能力。

良好的用户体验需要不迟于 1s 的可靠反馈，漫长的延迟等待令用户"沮丧"，并导致今天的区块链应用无法与传统的非区块链应用竞争。

2. 对用户不友好

今天的区块链应用还只是为知道如何使用区块链的极少数极客用户而造的，而非面向主流的消费者用户。几乎所有区块链应用都需要用户在自己的计算机端运行一个"节点"或至少安装一个"轻节点"才能使用，学习使用成本高昂导致区块链应用难以在普通大众中普及。

举例而言，虽然加密猫是对用户极为友好的去中心化区块链应用。但它仍需要用户在浏览器安装 MetaMask 这个轻钱包插件才能使用，同时用户必须知道如何购买以太币以及如何适应和使用 MetaMask 插件界面。

要吸引大量用户使用，区块链应用必须和常见的网页和移动端应用一样简单好用。对用户而言，区块链技术本身应该是完全透明的。

3. 使用费用高昂

现在使用区块链的费用非常高昂，这也是阻碍大众接受并采用区块链技术的一大主因。这还限制了开发者创建免费应用的灵活性。正如今天的网页和移动端应用一样，用户使用区块链不需要为每一个动作和请求单独付费。如同今天的互联网，区块链技术应该能够支持免费应用。

让区块链可以免费使用是区块链技术广泛传播的关键。能够提供免费服务的平台让开发者和企业有动力提供更好更创新的应用来让用户付费，而不是让他们为基本的区块链操作付费。

4. 开发者有被平台"锁定"的风险

和很多早期计算机技术的发展过程类似，现在的区块链存在严重的平台"锁定"问题。开发者不得不为支持哪种区块链实现技术而做出选择，应用的设计和代码被开发初期选择的区块链平台锁定，导致未来难以灵活更换。

开发者不希望他们的应用锁定在特定的区块链技术上，他们需要自由选择的权利，能自由地评估、使用和切换最适合自己业务的技术基础。一些应用有时也需要能支持多种不同底层技术来为自己的用户提供最佳体验。

5. 功能匮乏

在媒体和布道先驱者为去中心化区块链应用描绘了光明的未来，尤其是数字加密"货币"价格屡创新高的背景下，公众对区块链技术抱有极高的期望。然而，现实是今天的区块链技术仍处于"婴幼儿期"，绝大多数区块链应用缺乏足够的功能，而且没有一个有效机制来推动社区贡献这些缺乏的功能。

区块链协议的一个特点是分叉比较容易。出于各种动机对区块链进行硬分叉的现象屡见不鲜。然而，这些硬分叉对区块链的功能贡献微小，反而分散了计算资源、割裂了用户社区。现在各种区块链系统的内在激励机制的设计并没有鼓励人们对区块链技术和特性做出贡献。

ArcBlock

ArcBlock 通过创新的革命性设计来解决上述问题。不同于其他类似产品，ArcBlock 是一个完整的平台服务，而不是一些软件包或包裹性 API 的集合。它是一个结合了区块链和云计算技术的完整解决方案。

ArcBlock 更是提供了一个由内在激励机制驱动的功能模块和应用市场，从而形成一个生态体系。ArcBlock 里的"矿工"可以提供的不仅仅是计算资源，还有可重用的模块、新的服务，甚至可以直接部署使用的应用。这些提供功能和应用的"矿工"在自己的服务被使用时就会获得通证奖励，从而形成一个能够不断完善、自我成长的服务平台。ArcBlock 服务平台并不只是我们单独创建的，而是由整个社区一起开发创建的，我们只是最初推动的一群人而已。

ArcBlock 引入了开放链访问协议，这使应用可以通过它连接多种不同的区块链协议。开发者将重新拥有轻松评估不同区块链协议的自由，甚至可以在不同的区块链协议之间方便地切换。当区块链技术本身发生演进时，开放链访问协议确保应用能轻松跟随新区块链技术一起演进。开发链访问协议消除了现存区块链技术的平台"锁定"风险，并能让一些区块链应用跨链而造，大幅度提升开发者和用户的体验。

Blocklet 是另一项革命性设计，它吸收了微服务（Microservice）架构和无服务器计算方式（Serverless Computing）的优势。Blocklet 是一种高层应用协议，可以在任何平台上以任何语言来实现，这使它可以充分利用平台和语言的原生特性而获得远优于在虚拟机上运行的最佳性能和开发体验。通过前面说明的开发链访问协议，Blocklet 可以和区块链通信。Blocklet 不仅是连接区块链的协议，也可以访问任何外部数据源。因此，它能完成链上和链下两种计算方式并且将它们联系起来。

由此可见，我们的上述设计旨在打造一个高性能、用户友好、成本低、不被现有特定区块链协议锁定的应用服务平台。我们相信 Blocklet 的设计思想将代表下一代区块链 3.0 应用的主流模式。

ArcBlock 的优势

除解决上述普遍存在的问题以外，与市场上和特定区块链紧密绑定的方案相比，通过 ArcBlock 来开发和部署区块链应用还拥有其他显著的优势。

1. 面向通证经济体系的设计

ArcBlock 是一个自我进化的系统，而不只是一个中心化组织搭建的软件平台。我们只是作为平台的最初创造者和推进者在起步之初推动其发展，在未来它是在社区的支持下一起成长进化的。

整个 ArcBlock 服务由通证经济驱动。不同于基础的软件平台，ArcBlock 是由鼓励区块链社区共同营造理想的生态系统的激励机制推动成长的经济体。

2. 为最佳用户体验而优化

ArcBlock 采用"自上而下"的设计策略，始终把最终用户体验放在中心位置。相比之下，现有大部分与特定区块链技术绑定的开发系统往往是从底层区块链"能提供什么"而出发，牺牲了良好的用户体验。利用 ArcBlock 开发的应用能够提供实时、响应式（Realtime, Reactive）

的用户体验，用户可以通过习以为常的网页浏览器或移动应用来使用区块链。

ArcBlock 还将大幅度提升开发者体验。开发者不需要去摸索评估各种不同的区块链底层协议，通过我们提供的模拟区块链适配器，开发者甚至不需要安装运行任何区块链测试节点就可以开发、测试自己的区块链应用。

3. 为云计算时代而设计

ArcBlock 被设计成云计算环境原生平台。当然，在测试和开发环境下，它也可以运行在单机上。

这种设计使 ArcBlock 和很多区块链平台有些格格不入，然而这才是我们认为的未来。在 ArcBlock 中，一个区块链节点是一个"逻辑上的计算机"，它可能是一台或多台虚拟机，或者一组云计算资源共同组合形成的"逻辑上的计算机"。这种设计使区块链技术、去中心化应用的概念被推向一个新高度（这些设计包含我们的若干专利技术）。

ArcBlock 首先会构建在 Amazon AWS 和 Microsoft 的 Windows Azure 之上，然后我们计划扩展对 Google 的云计算引擎的支持，并在将来支持我国的主要云计算平台。

4. 坚持开放标准

ArcBlock 的设计坚持开放标准的原则，绝不"闭门造车"，而是应开发者需求而设计。我们不但采用开源方式提供核心部件，而且积极加入各个区块链技术社区，积极参与讨论和贡献。

我们的团队成员、公司还加入了一系列标准组织、学术机构和基金会等会员组织，包括 W3C 区块链社区组织（W3C Blockchain Community Group）、IEEE 标准委员会区块链社区（IEEE Standard Association Blockchain Community）、企业以太坊联盟（Enterprise Ethereum Alliance）、Linux 基金会（Linux Foundation）和 Hyperledger 基金会（Hyperledger Foundation）等。

体系结构

ArcBlock 旨在被设计为一个可伸缩、可扩展，并且容易使用的开发和部署去中心化区块链应用的平台。

设计原则

ArcBlock 的设计遵循以下核心原则。

- 用户体验至上。
- 性能优先。
- 坚持开放标准。
- 内置激励机制,建立经济循环。

系统架构

ArcBlock 引入一系列革命性技术,其高层概要架构如图 1 所示。

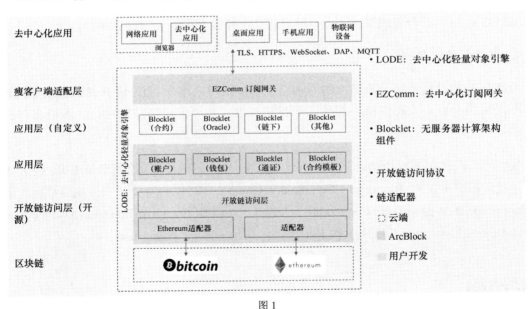

图 1

1. 开放链访问协议

这是一个开源的协议,用于提供一个访问下层区块链的抽象接口层。类似于在数据应用中的 ODBC 或 JDBC 和各种不同数据库之间的关系一样,开放链访问协议让应用可以在不同的区块链上工作。在切换不同的底层区块链,或者使用多条不同协议的区块链的时候,甚至不需要更改业务逻辑代码。

链适配器可以由社区成员自己开发，在系统市场发布以供他人使用并获得通证奖励，这一设计使我们拥有很多由社区创建并不断改进的链适配器。

2. Blocklet

Blocklet 是运行各种应用的无服务器计算架构组件。你可以采用 Blocklet 来实现区块链上的智能合约、外部事务触发器（Oracle）和访问外部的资源，如文件、数据库等其他数据源，以及完全和链无关的业务逻辑。Blocklet 采用开放链访问协议与区块链通信，并可与以权益证明为基础的共识算法相结合。

Blocklet 是由社区成员受通证激励而创建的主要服务或部件。

3. Blocklet Components

Blocklet Components（基石构件）是一组事先构建好、奠定整个 ArcBlock 基础的部件，大部分 ArcBlock 的功能（如通证服务、用户认证体系等）是用这些构件来实现的。Blocklet Components 被设计为高度可重用和可定制。

采用组件化的方式来开发区块链应用可以使应用建立变得轻松而容易。我们提供一系列基础部件，包括但不限于用户身份管理、应用通证体系、应用通证钱包、实时消息和通知服务。应用可以直接使用这些组件或对其定制化。

Blocklet Components 同样也可以由社区用户创建，并在 ArcBlock 的模块和应用市场里提供给他人使用。

4. ArcBlock 框架

这一定制化发链、创建 DApp 的开发框架由 ArcBlock 框架的 SDK 与 ABT 链节点组成。ArcBlock Blockchain 内核以 RPC 的方式调用共识引擎、状态引擎和存储引擎，帮助用户定制的区块链实现共识达成、状态同步和分布式存储，而这 3 个引擎均可插拔（比如，目前 ArcBlock 框架共识引擎调用的是 Tendermint，未来可插拔切换为其他共识算法）。应用区块链接口可以连接 ArcBlock 框架内核与更为丰富的应用层：DID API、区块链 API、由 OCAP API 帮助安全连接的其他用 ArcBlock 框架打造的链，以及比特币、以太坊等 OCAP 支持访问的公链。

5. 去中心化身份

ArcBlock 开发了一个符合 W3C 标准的去中心化身份协议（ABT:DID Protocol），这是一个基于 W3C DID 解决方案的开放协议。作为参与者，ArcBlock 计划与其他贡献者合作，推广普及 ABT:DID 身份验证标准。

6. 分布式订阅网关

这是一个分布式的消息系统，是一个能够支持订阅/发布的实时消息服务，可以作为一个基石程序的 API 网关。ArcBlock 的应用网关采用去中心化的设计和安全的消息通信频道设计。应用程序可以在浏览器和移动应用内与网关通信，为最终用户提供实时、响应式的用户体验。

应用网关支持多种不同的网络协议，默认支持的协议包括 TLS、HTTPS、WebSocket、DAP 和 MQTT 等。高级开发者可以自己扩展新的网络协议以满足其应用需要。

7. 部件应用市场和通证经济

ArcBlock 包含一个用户可以在平台上进行定制的通证经济服务体系，开发者可以创建自己的通证，并使用通证经济系统的所有功能。

ArcBlock 部件应用市场是一个基于平台自身构建的原生应用，社区用户可在市场中贡献或交易可重用的部件（例如，链适配器、Blocklet Components，甚至是可以直接部署的应用）。

云节点

将一组云端的服务作为一个"节点"来处理，这一设计今天看来有些不同寻常。然而，今天大家熟知的一台计算机，其实也是将一组内部连接的部件（如 CPU、总线、内存、外存、网络接口等）组装在一个盒子里工作。两者本质相同，只是各个部件的分布与通信方式不同。ArcBlock 把云服务作为节点，这使我们可以取得更高层次的系统抽象、超高的计算性能和更好的安全性。我们相信，这一设计会成为未来几年区块链平台设计的主流方式。

虽然 ArcBlock 建议的部署和运行方式是云节点的方式，但我们并不阻止采用传统的单机节点的方式来部署和运行。在开发环境和私有部署环境下，开发者完全可以采用单机节点的方式来部署和运行。

使用云节点不会削弱系统及其应用的去中心化特性和安全性。相反，它把去中心化和安全性提升到了一个全新的高度。

云计算平台的自身安全性是云计算平台提供商提供的服务和保障之一。大部分情况下，云计算平台提供的服务器和服务要比自建服务器的安全性高，比直接由家庭网络或非专业"矿场"提供的计算节点要安全很多。

从去中心化角度来看云节点的应用会更有意思，这是因为云节点往往是由分布式的服务构成的，这些分布式服务往往是由多个来自不同地点（Region）和不同区域（Zone）的不同服务器提供的。在未来，当云节点可以支持多个不同的云计算服务提供商时，一些用户也可以自建更专业的类似 IDC 的"矿场"来加入服务，这使服务的去中心化程度达到一个新高度。

核心部件

下面我们将逐个更为详细地介绍核心部件和关键算法。这一部分供有较深技术背景的读者阅读，如果读者不想了解这些部件的细节而更关心 ArcBlock 应用的相关内容，可以跳过这部分。

1. 开放链访问协议

ArcBlock 的开放链访问协议使应用能够适配多种不同的区块链协议，包括但不限于比特币区块链（Bitcoin）、以太坊（Ethereum）等。

开放链访问协议将采用 MIT 协议的开源方式发布，使区块链开发社区的任何人都可以提供、贡献、扩展和改进这个协议。我们在开发阶段采用封闭方式进行，在项目到达 RC1 阶段发布目标时开源。开放链访问协议如图 2 所示。

2. 开放链访问层

开放链访问层定义了一组高层通用 API，使应用通过这些 API 可以访问一系列不同协议的区块链。开放链访问层通过其下层的链适配器来支持不同的区块链协议。每个链适配器匹配每个特定区块链协议来发挥作用。

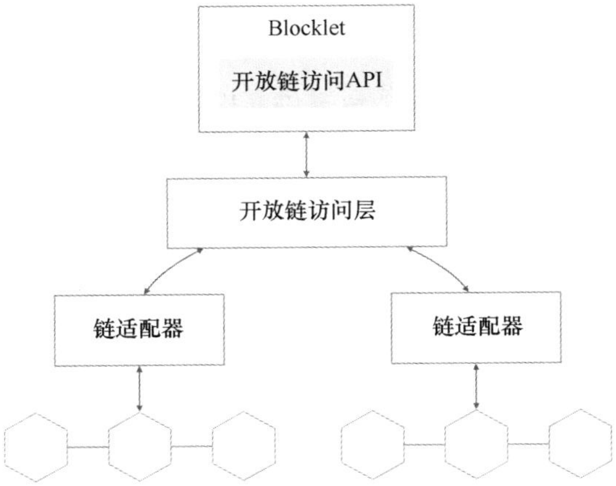

图 2

3. 链适配器

ArcBlock 的开放链访问协议使支持多种不同的区块链协议成为可能。开发者可以从几种不同的区块链协议、不同的节点类型、不同的部署方式中自由选择最合适的方式。上述开放链访问层定义了统一的 API，然而这些 API 的具体实现来自链适配器。

链适配器就如同下层区块链的设备驱动程序，它把下层区块链协议转换为应用更容易使用的方式。部分链适配器可能需要包含链上和链下的代码，二者需要一起协调配合工作。例如，一个以太坊中的适配器可能包含链适配器事先部署好的以太坊上的智能合约，以及和这些智能合约配合的代码。

我们首先会提供比特币区块链、以太坊这几种常用的区块链系统的适配器实现。在系统开源后，任何人都可以贡献、改进开放链访问协议，或实现自己的代码。我们也计划支持更多的区块链协议。

4. 链适配器市场

链适配器可以被社区成员在遵循协议的情况下开发或改进，并且这些由社区成员生产的链适配器可以在应用市场发布供他人使用。这些链适配器的作者会在其作品被使用的时候获得通证奖励。这个激励模型会推动社区有更强的动力来开发更多更好的链适配器。

5. 和区块链即服务的关系

在过去的时间里，若干领先的云服务平台开始提供区块链即服务。BaaS 一般为用户提供联盟链和公链两种服务，并根据不同的服务类型进行不同的架构设计和优化。目前最早的

BaaS 主要包括 IBM 的 Bluemix，其主要提供 Hyperledger Fabric 服务。Microsoft Windows Azure 也开始提供 BaaS，但目前主要还是针对开发者快速部署测试环境为主。Amazon 的 AWS 虽然还没有正式提供 BaaS，但是借助其虚拟机映像（VM Images）市场，用户也可以进行较快速部署以达到类似效果。

BaaS 和 ArcBlock 的开放链访问协议是一对完美的组合，这些云服务平台的 BaaS 提供了底层区块链部署的快捷方式，而 ArcBlock 使这些用户在部署的区块链上开发应用变得更为方便。ArcBlock 第一阶段会集成第三方云服务平台的 API（如 AWS SDK），这样用户可以一次性地在 ArcBlock 中管理云服务端的 BaaS 或者部署云服务端中的区块链节点。

6. 设计思想

为设计开放链访问协议，我们调研了现有的许多客户解决方案，访谈了许多开发者，从计算机和数据库技术发展历程中获得了启发，并结合区块链技术的实际情况设计了这个架构。举例而言，开放链访问层结构的灵感来自数据库的开放连接设计。

回顾数据库系统及其应用发展史，便可发现其与区块链技术演进历史存在许多相似之处。在大部分区块链的应用系统架构中，区块链的地位与数据库几乎相同。在许多场景中，区块链可以说就是分布式数据库。包括比特币和以太坊，绝大多数区块链自身就建立在数据库之上。换言之，很多数据库发展史中的理念和经验都可以应用于区块链，至少区块链可以从中获得有益启发。

7. Blocklet

Blocklet 是 ArcBlock 的核心基础。它不仅是一种应用协议，也是一种软件架构，更是 ArcBlock 本身的构件基础。ArcBlock 本身就是由一系列 Blocklet 组成的。ArcBlock 开放链访问协议让 Blocklet 可以和区块链通信，而分布式订阅网关则让 Blocklet 可以和植根于用户浏览器或移动应用的客户端代码通信。总之，Blocklet 处于整个系统的核心位置。Blocklet 如图 3 所示。

8. 微服务架构

微服务架构与区块链应用完美契合。作为面向服务的体系架构（SOA）的一种变体，微服务架构把应用拆分为一组相对独立的松散耦合的服务。这些服务通常会被设计得非常简单。把应用拆分成微服务架构的这种设计能增强应用的模块性，让应用更加容易理解、开发和测试。

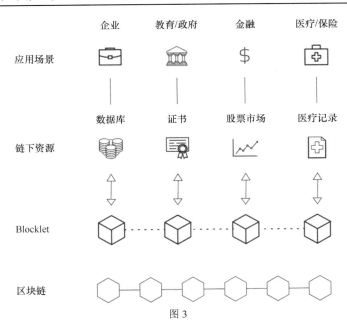

图 3

ArcBlock 被设计成一个由事件驱动的微服务架构，可以应用 Blocklet 克服区块链的天然限制。Blocklet 通过开放链访问协议来和下层的区块链通信，保证应用安全访问外部数据，同时保持数据完整性。

9. 无服务器计算

无服务器计算是现代云服务中开始流行的一种新型计算模式，云服务提供商能动态地管理和分配计算资源，使服务不需要专门的计算机资源。大部分云服务提供商提供的无服务器计算方式是函数即应用（FaaS），这些计算环境只执行代码而不保存任何状态数据。

无服务器计算方式和区块链应用也非常契合。绝大部分 Blocklet 能够采用无服务器计算方式来实现。通过 AWS 提供的 Lambda 服务、Windows Azure 的 Function 服务，以及其他的函数即应用服务，可以有效地实现 Blocklet。

需要注意的是，微服务架构和无服务器计算是在不同层面的抽象，无服务器计算可以用来实现一个微服务架构下的微服务。开发者也可以采用无服务器计算方式来实现其他类型的应用，未必一定采用微服务架构。

10. Blocklet 的类型

Blocklet 被设计得具有很强的灵活性，可用来开发各种应用。这里介绍基石程序的常用类型。需要注意的是，一个 Blocklet 实际上可能包含下述一个或多个业务逻辑类型。

（1）链下逻辑的 Blocklet

因为 Blocklet 是原生代码实现方式，所以它可以访问除区块链以外的数据源。举例而言，Blocklet 可以连接数据库、外部 API 或其他数据源。Blocklet 可用来开发常规的应用逻辑——即使该逻辑可能与区块链无关。利用 Blocklet 来开发常规的应用也不会有额外的负担。

现实的去中心化应用常常在链下运行相当多的逻辑组件。Blocklet 提供整体解决方案，以便工程师无须调用不同框架来处理应用的不同部分。

（2）链下与链上逻辑结合的 Blocklet

对于一个完整的应用而言，需要同时处理链上与链下的相应数据连接是常见情况。例如，链上代码无法访问如时间或市场这样的外部数据和事件。将链上智能合约或区块链的代码或数据在外调用，会打破常用信任围栏，降低对交易真实性的信任。在此情况下，一个链下 Blocklet 可以成为连接链上链下逻辑的桥梁，使整个业务逻辑完整。

（3）资源和媒体文件的处理

一个完整的应用通常需要调用和处理媒体与资源文件，例如图片、视频、音频、文件等。区块链并不适合用来保存大量数据，通常区块链应用都是采用链下的方法来处理这些数据。现有一些不同的方法来处理这些数据，传统的方法有采用中心化的方式如 AWS S3，或者更去中心化的方式如 IPFS 等。

无论采用哪种链下方式处理这些数据，Blocklet 都可以直接和这些媒体与资源文件的存储系统对接。有些时候这些链下的数据需要和链上的某些通证、标识或校验数据对应，或者通过在区块链上保存的记录来校验，此时 Blocklet 是处理这些逻辑的最佳方式。

（4）智能合约

通过和链上的代码采用开放链访问协议进行协同，Blocklet 可以用于实现性能更好的智能合约，并且确保安全可信的界限以及验证交易的合法性。

采用 Blocklet 开发智能合约，设计合约的工程师需要确定合约的逻辑中哪些必须是链上实现，哪些必须是链下实现。在一个极端下，工程师可以把区块链作为一个状态机来对待，而把主要的逻辑集成在链下完成；而在另外一个极端下，工程师可以把合约的全部逻辑在区块链上用原生方式完成，而链下部分只是一个调用接口。不同性质的应用需要采用不同的策略来达到最佳的灵活性和最佳的安全可靠性。Blocklet 在智能合约的设计上为工程师提供了很大的灵活性。

(5) Oracle

在 Blocklet 的设计之中，Oracle 其实就是一种智能合约，只不过它可能会使用一些外部可靠来源的数据作为触发条件。Blocklet 的设计统一化了 Oracle 类型合约和一般智能合约，使其更容易设计和实现。

Blocklet 也使设计和实现合约的工程师始终处于控制地位，在设计开发阶段工程师就清楚地界定哪些逻辑必须在链上完成，哪些更适合在链下完成。这将在提高设计有效性的同时不牺牲系统的安全性和可信任性。

11. Blocklet 的实现方式

在 ArcBlock 开发的第一阶段中，我们首先会支持本地的测试环境和 Amazon AWS。本地的测试环境专门用来开发和测试。产品的运行环境基于 AWS 部署，因此我们可以充分利用 AWS 提供的很多高级特性。

在未来，我们将支持 Windows Azure、Google 的 Computing Engine、IBM Bluemix 和其他计算环境。我们也计划支持 Docker 和开源的 FaaS 的 Blocklet 实现，这样用户完全可以建立自己的 Blocklet 执行环境而不依赖于任何云服务。

Blocklet 本身只是一个应用层的协议规范和架构，因此可采用各种不同的语言或框架加以实现。

12. Blocklet Components

如前文所介绍的，Blocklet Components 就是一组事先设计好的、可以重用的 Blocklet。Blocklet Components 是 ArcBlock 本身的基础，ArcBlock 就是由一组 Blocklet Components 构建起来的。Blocklet Components 是可以高度重用的部件。

13. 分布式发布/订阅应用网关

这是一个分布式的支持发布/订阅（Pub/Sub）消息模式的 API 应用网关。Blocklet 需要通过 API 应用网关与客户端通信。ArcBlock 这一网关设计采用去中心化的设计理念和安全加密的通信协议。应用可以运行在浏览器或移动应用中，为用户提供一个实时、响应式的应用体验。分布式发布/订阅应用网关如图 4 所示。

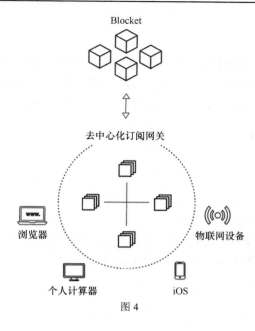

图 4

14. API 网关

API 网关是微服务架构的一个重要组成部分。API 网关使复杂的系统对外以简单的 API 接口形式提供服务,它的根本作用是解耦客户端(在我们的系统中,API 网关的客户端指移动应用、Web 应用以及"瘦"区块链节点应用等)和服务端之间的关系。在 ArcBlock 中,所有具体功能都是 Blocklet 提供的,Blocklet 并不直接与客户端通信,而是通过 API 网关来提供。

网关支持多种不同的网络协议,我们默认支持 WebSocket、DAP、HTTPS 和 MQTT 等协议。高级开发者可以根据需要扩展 API 网关来支持新的网络协议。

15. 发布/订阅

发布/订阅是一种消息系统的设计模式:消息发送者按照分类发送消息,而不需要知道具体是哪些消息接收者来接收这些消息。类似地,消息接收者只关心他们需要接收的消息类型,而不需要了解具体的发送者。

发布/订阅模式是类似消息队列的一种设计,它通常在一个消息驱动的中间件系统中起关键的作用。大部分基于消息驱动的系统设计都同时支持发布/订阅模式和消息队列模式。这个设计模式往往能提供非常强的网络扩展性(Scalability)和更加动态的网络拓扑结构,但往往也会降低或限制发布/订阅数据格式的灵活性(在区块链应用中,这并不是一个缺点)。

16. 去中心化和安全

我们采用完全的去中心化设计来实施并简化云系统服务。ArcBlock 的 API 网关设计不需要配置就可以工作——只要运行，它就会自动发现其他节点并协同工作，如同有"魔力"一般。它设计有采用名字空间的寻址方式、集群（自动负载均衡）和安全设计（所有网络通信采用加密通道）。

通证经济服务

让 ArcBlock 与众不同的是，它不只是一系列区块链开发的 API 和库，还是一个拥有一系列配套功能的、健壮发展的平台。此外，ArcBlock 服务运行在自己的、采用最新的区块链技术驱动的原生通证体系之上。

ArcBlock 通证（ABT）

ArcBlock 通证是 ArcBlock 的原生通证。为了支持高性能的交易，我们实现了一个优化高性能通证系统的区块链技术，专门用于 ArcBlock 自己的通证服务和其公开账本服务。

ABT 被设计为一个能应用在各种场景中的通证。在 ArcBlock 上 ABT 的基本作用是支付 ArcBlock 服务使用费。和其他一些云服务平台类似，ABT 是一种用于支付计算资源和技术资源的应用通证。ArcBlock 通证经济体系如图 5 所示。

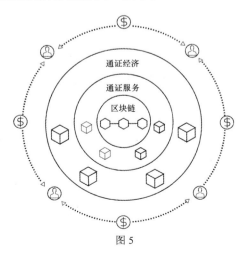

图 5

用户使用以太坊、比特币这些区块链时需要为每笔交易支付一小笔交易费，而 ArcBlock 的设计与他们的区别很大：ArcBlock 让开发者，而不是最终用户，来支付任何其应用中产生的交易费用。这一设计将能大幅度提升用户体验。开发者按月支付交易费，他们可以累积一笔笔交易一次性付费，以此大幅度降低成本。当开发者需要提供一些关键性业务时，ArcBlock 会冻结部分 ABT 作为押金（来确保开发者提供的业务是认真负责的）。

ABT 可以和 ERC20 通证进行 1：1 映射。这简化了必要的应用通证交易流程，并使开发者可以和已经比较成熟的以太坊社区结合。开发者也可以利用以太坊已经比较成熟的、建立在 ERC20 之上的生态系统，获得高性能、全功能通证经济体系的服务。虽然这个映射功能在初期可能是必需的，但我们预期随着 ABT 发展成熟、ArcBlock 社区的成长，这一映射的价值会逐渐下降。

1. 矿工和矿场

ArcBlock 允许并鼓励矿工和矿场来运行以及提供 ArcBlock 服务，并且加入整个服务网络。然而，在 ArcBlock 中提供的矿工和矿场和在比特币、以太坊上的截然不同。

2. 资源矿工

资源矿工为系统提供的是计算资源。他们可以提供云服务资源来运行 ArcBlock 的云节点，或者提供自己接入的计算环境来运行 ArcBlock 节点。

在 ArcBlock 的设计中，资源矿工可以决定自己的计算资源是只有自己可用，还是可以多方共享使用，抑或让任何 ArcBlock 用户使用。采用何种模式完全由资源矿工决定，并且可以灵活改变。

3. 组件矿工

组件矿工为系统提供的是计算软件的组件，例如一个新的链适配器、一个 Blocklet Components，甚至一个完整的、可以部署的应用。这些组件可以是一个能够重用或部署的代码库，也可以是一个以 Blocklet 作为接口而提供服务的系列服务。例如，一个基于深度学习的图像识别服务可能运行在自己的服务系统中，但也可能以 Blocklet 的形式提供，成为其他 ArcBlock 应用使用的部件。

如果组件是由多方共同开发（如共同开发，或者在过去版本上改进）获得的成果，那么将通过智能合约确定收益的分配比例。智能合约也可以定义一个组件是否允许被别人分叉而改进，以及分叉后的收益如何分配等。

4. ArcBlock 市场

ArcBlock 市场是基于 ArcBlock 本身的一个去中心化交易市场应用，其作用是为 ArcBlock 提供一个可以排列、搜索、评估、使用、评价的可重用部件。例如链适配器、Blocklet Components 和应用的市场。

这个市场也记录维护系统用户对各个可重用部件关于质量的反馈以及开发者的信誉。这些信息能帮助用户评估可以重用的部件。所有市场的数据都被记录在一个系统的公开账本之中，这个公开账本由 ArcBlock 自己的区块链技术支持，以保证这些市场数据的透明和可信。

5. 通证基础服务

通证基础服务通过一系列 Blocklet Components 来实现最基础的通证服务所需要的各种功能。

ArcBlock 通证完全采用 Blocklet 来实现。通证基础服务也就是一组 Blocklet，通证经济服务包含一组可重用的 Blocklet 组件。开发者可以用 Blocklet 来非常容易地处理由通证触发的事件，并完成各种复杂的商业逻辑。ArcBlock 的原生分布式账本确保任何与通证相关的交易安全、高速和可靠。

和其他的 Blocklet Components 一样，ArcBlock 社区可以对通证基础服务的 Blocklet 进行改进和贡献，一起推动通证基础服务的进步。

6. 用户应用通证

在 ArcBlock 上，开发者也可以创建自己的用户通证，并且直接集成 ArcBlock 原生通证的全部特性。

ArcBlock 让开发者轻松建造自己的通证经济体系。我们的"通证"概念并不只是加密"货币"，而是可以代表任何东西的通证，从用户标识、证书、文档到现实世界中的各种实体。ArcBlock 让应用支持通证化变得前所未有的容易。

后记②：以太坊开发者大会的启示

冒志鸿（ArcBlock 创始人兼首席执行官）

2019 年 10 月 8—11 日，以太坊第五届开发者大会（Ethereum DevCon 5）在日本大阪举行，总共有 183 位主题演讲者、57 位闪电演讲者在为期四天的 312 场演讲和讨论中登场分享，吸引了超过 3 000 名开发者参会聆听。

毫无疑问，以太坊开发者大会是一个实至名归的开发者大会，以太坊创始人维塔利克·布特林（Vitlik Buterin）本人和核心团队会解答技术问题并与参会者交流。

生态很强大

参加以太坊开发者大会的第一个直观感受是——以太坊在生态建设方面非常健康良好。我参加过各种各样由公司或社区主办的开发者大会，如 Amazon AWS 的 re:Invent、Apple 的 WWDC、Microsoft 的 Build，以及区块链行业的 Hyperledger 年会等。相比而言，以太坊开发者大会规模虽然没有 Apple 和 Amazon 的盛大，但其内容的丰富性、参与者的多元化相当高。以太坊开发者大会的会议内容和组织形式都不是由主办方自己一手规划操办的，而是由它的生态来驱动，绝大多数议题是各个生态合作伙伴和开发者自己提出的，内容相当多样化：从介绍自己的新技术，到讨论特定的研究话题，再到用户体验等各方面都有涉及，这反映出以太坊生态的发展非常完善。

以太坊之所以生态繁荣，在行业内遥遥领先，是因为：首先，以太坊充分享受到其明显的先行者优势；其次，以太坊本身比较开放，作为公链，它定位自己能够运行很多智能合约，这就具有无限的扩展能力。如果要形成生态，首先就要具备这样一个形成生态的能力。例如，比特币就不太容易形成这么大的生态，因为比特币本身的功能比较单一。其他一些公链，比如 EOS，之所以不太能形成这样的生态，是因为其本身 21 个超级节点的网络设计，它不可能让很多人参与进来。以太坊的开放性在其开发者大会中就得以充分体现。从第一届起，以太坊开发者大会就没把自己定位成内容输出型的活动，而是比较松散的会议组织。以太坊开发者大会非常注重社区交流，让社区一起发出声音，所以不太像一个业界的大会。

参会者有些迷茫

参会期间我曾在酒店的电梯里遇到另外一位参会者，我们都住在离会场比较远的酒店，因此一路上聊了起来。他已经是第三次参加以太坊开发者大会，我问他对这届开发者大会有什么看法，他表现出一种迷茫的表情说："至少比去年要好吧，以太坊 2.0 终于有点希望了。"

作为参会者、开发者，我对以太坊开发者大会也是有些迷茫的。整个大会围绕着目前成为以太坊主要"护城河"的去中心化金融（DeFi）、去中心化自治组织（DAO）、旨在解决性能和可伸缩性的以太坊 2.0 展开交流讨论，非常有理想和前瞻性，但大部分内容停留在概念、设想、原型和试验层面，几乎看不到消费者可用的新产品业务。

团队比较松散

在以太坊开发者大会中与维塔利克近距离接触时，感觉到维塔利克仍然处于以太坊的中心地位。在一些会议上，很多核心问题都是他在答疑，其他问题只有一两个人偶尔会出来讲一讲，大部分人比较沉默。据说维塔利克现在并不直接管理工程研发，而是更多地在做研究和前瞻性的事情，他的精力更多地聚焦于以太坊的未来，似乎并不太关注现阶段可以落地的应用和外部的合作。

作为创业者，在参加了以太坊开发者大会之后，我对以太坊研发处于一种无组织的状态以及以太坊社区的反馈有了亲身感受。和不少参会者一样，我会为以太坊 2.0 开发进展缓慢，到现在还没有大规模的、成熟的落地应用，没有改变大众认知的 DApp 出现而担心。我理解以太坊的这种松散状态，这源自它诞生第一天起乃至形成发展过程中的开源黑客文化。但这对于软件开发而言，并不总是一件有利的事情，而且随着加入以太坊生态的人越多，整体进展就会越慢，这种情形好比更多的马往不同的方向拉同一辆马车。

在我参加的一些会议中，似乎大家都基本形成这么一个共识：以太坊1.0的理想是好的，但可能方法不对，没有走在正确的路上，现在大家都把期望寄托在2.0身上。然而，现在以太坊2.0的开发有若干个团队在分头同时干，每个团队可能都有自己的优势，但不能有效组织的话效率可能低了点，至少传统软件公司出身的人都会有此担忧。如果有可能，没有人不希望能进入一个更有效率的状态。

我们可以学到什么

我参加以太坊开发者大会，一方面是想了解以太坊作为业内开发者生态较好的公链项目，其开发者大会到底是怎么组织的？现场观摩以太坊开发者大会现在是一个什么样的状态？因为 ArcBlock 作为面向开发者的区块链应用开发平台，正在筹备组织我们自己的开发者大会，需要向业界榜样虚心学习。另一方面，以太坊开发者大会也提供了非常好的交流机会，除了认识更多未来能成为我们用户的以太坊生态开发者，还能根据我们的计划与一些对以太坊生态特别熟悉的人进行沟通，并做初步的演示，提前获取他们的反馈意见，这也是一个重要目的。

建立生态要从拥抱生态本身开始

ArcBlock 生态建设还任重道远。迄今为止，除了团队做了很多开发工具、文档、培训等工作，我们的社区也开始有了尝试搭建节点、开发 DApp 的积极倾向。但扪心自问，如果我们自己举办开发者大会，能不能有三分之一的内容来自我们的开发者，三分之一的内容来自我们的生态合作伙伴？我觉得目前肯定还做不到。如果现在来举办开发者大会，就会变成培训讲座，即大部分内容都是由我们来输出。而一场真正意义上的开发者大会，应该有相当多的内容来自开发者和生态伙伴，而不是由主办方唱独角戏。

不过，我们拥有建成良好生态的基础：ArcBlock 是一个应用的开发平台，上面可以承载各式各样的应用；同时我们的生态容纳资源矿工、组件矿工、运营矿工等几种不同的角色，从提供网络资源，到有开发能力提供开发部件，甚至是完整应用，再到可以直接参与包括市场推广运营等方面的工作，我们有基础可以团结这么多人。因此，我对建成 ArcBlock 生态很有信心。

因此，要更积极地鼓励社区和我们一起来建设生态，不仅仅是用我们的平台和技术来开发产品，还包括由社区中积极的成员一起帮助更多的人开发，帮助大家加入生态。现在 ArcBlock 用户社区中出现了一些非常好的现象，比如 ABT 共识社区里有人开始写 ABT 链节点部署教程等。我们还需要更多的人参与进来，形成动能和规模，推动 ArcBlock 的生态良性发展。从这一点来看，我觉得 ArcBlock 从以太坊学到了很多东西。

用跨链技术来拥抱成熟的以太坊生态

以太坊正成为"DeFi 中枢"是一件好事。以太坊支持发布各种数字资产，其平台的开放性、安全性也经受住了市场 5 年时间的检验。ArcBlock 作为专注于 DApp 开发的平台，特别适合创建对用户友好、互联网级别的应用，如果能与以太坊很好地打通，开发者就能尽享两个平台的优势。通过 ArcBlock 即将推出的通用 TokenSwap 服务能让运行在 ArcBlock 平台上的应用无缝对接以太坊上的通证，从而充分利用以太坊的 DeFi 资源，同时也给以太坊上的应用带来新的实现思路。

尽管 ArcBlock 产品在以太坊社区知名度不够高，在会上跟人介绍时，大多数人第一反应会同以太坊某个工具或以太坊将来要做的事情做比较，但在我们拿出 ArcBlock 框架、Blocklet 和测试版的 TokenSwap 现场演示后，大家都非常惊讶于我们产品的完善程度以及产品细节考虑周全的程度。从产品角度而言，ArcBlock 的产品比以太坊生态里的大部分工具链及开发环境要先进和完整，尤其是我们对开发者的支持、对终端用户支持的考虑还是比较全面的。

我在会上最有价值的收获是以太坊生态的开发者对 TokenSwap 服务提出了不少很有价值的建议，有一些建议补足了我们之前产品在使用角度的设计盲区。TokenSwap 本来已经达到发布状态，但听取了这些宝贵的建议，我觉得还是需要把它做得更好更完善，有些地方需要再花一段时间重新推敲打磨，然后再正式发布出来。有了好的产品，与以太坊完全去中心化的生态合作，才真正有意义。

用成熟的软件工程经验来推进区块链应用落地

就 ArcBlock 来讲，我们有更多的软件工程经验，应该可以找到更优化的方法避免以太坊目前松散缓慢的状态，既能结合大企业成熟的软件工程开发经验，又能调动生态伙伴、社区开发者的积极性，让他们充分参与进来。

在以太坊生态里，很多人对我们在上海发布的 Blocklet 要么表示费解，要么觉得这个产品完全超越了原先以太坊的思路。这一点不足为奇，因为以太坊整体是从公链、基础链的角度去考虑的。现在大家都知道，开发一个完整的 DApp，光靠一条链是不够的，还有一堆周边的事情要处理。而 ArcBlock 从一开始的定位就不只是公链，链在我们的平台中只是一个重要的环节。ArcBlock 的定位是完整的应用开发平台，在这个平台之上，自然有 Blocklet 这样站在如何开发部署应用的角度而实现的设计，和链本身关系并不是很大。

因此，作为针对开发者的 ArcBlock，我们意识到必须有马上可用的产品才能真正推进应用的进一步落地。